Gisela Hermann · Gerda Wunschel

ERFAHRUNGSRAUM KITA

Anregende Orte für Kinder, Eltern und Erzieherinnen

Gisela Hermann

Gerda Wunschel

ERFAHRUNGSRAUM
KITA

Anregende Orte
für Kinder, Eltern und Erzieherinnen

BELTZ

Herausgegeben von der Redaktion klein & groß

© 2002 by Beltz Verlag · Weinheim, Berlin, Basel
Layout und Umschlaggestaltung: Jens Klennert, Tania Miguez, Kiliansroda
Druck: Gutenberg Druckerei, Weimar
Printed in Germany, Juni 2002

ISBN 3-407-56164-4

Inhalt

VORWORT

Je differenzierter und anregender die Räume in Kindertagesstätten gestaltet sind, umso intensiver können sich das Wahrnehmungspotenzial und der Erfahrungsreichtum der Kinder entwickeln, können Selbstständigkeit und Orientierung, Kommunikation und Beziehungen, Kooperation und interkulturelles Zusammenleben gefördert werden. Es ist also nicht beliebig, wie die Räume aussehen.

Schon lange beschäftigen wir uns mit dem Thema »Räume und Kinder«, einem Thema, das offensichtlich nie abzuschließen ist, sondern sich in einem unendlichen Prozess befindet. Neue Erkenntnisse werfen regelmäßig wieder neue Fragen auf, die Antworten erfordern und wiederum zu aktuelleren Erkenntnissen und Erfahrungen führen.

Wir beziehen uns mit unseren Ausführungen vorrangig auf Kreuzberg, einem Stadtbezirk mit ca. 150.000 Einwohnern, eine Großstadt in der Großstadt Berlin, weil die meisten der hier vorgestellten und diskutierten Erfahrungen und Erkenntnisse in den kommunalen Kindertagesstätten (Kitas) dieses Bezirkes gewonnen wurden.

Eine Reihe von Impulsen, etliche davon echte Meilensteine auf dem Weg zu einem veränderten Raumverständnis, gaben unseren pädagogischen und räumlichen Konzepten eine erkennbare Richtung hin zu mehr Individualisierung und zur Schaffung von vielfältigen Erfahrungsmöglichkeiten für die Kinder. Einige Anregungen erhielten wir dankenswerterweise von außen, andere entstanden aus den Erfahrungen des Kita-Bereiches. Ein paar besonders wegweisende sollen hier genannt werden.

Vor 20 Jahren begann der fachliche Dialog mit den Pädagoginnen der kommunalen Krippen und Kindergärten der norditalienischen Stadt Reggio Emilia, die wir mehrfach besuchen konnten. Was haben wir dort gesehen und erfahren? Nichts weniger als ein neues Bild vom Kind!

Uns beeindruckte die optimistische Sichtweise auf die Kinder: Sie werden in Reggio Emilia nicht als unfertige Erwachsene, sondern als Konstrukteure ihrer Wirklichkeit und einer eigenen Kultur betrachtet, die sie im sozialen Kontext aktiv gestalten. Das bedeutet, Kindern als Partner zu begegnen, ihnen ein anregendes Lernumfeld zu schaffen, sie und ihre Fragen ernst zu nehmen und ihnen Zeit und Raum für ihre Entdeckungen und die Aneignung ihrer Umwelt zu geben. Eine individualisierende Pädagogik, in deren Mittelpunkt die Kinder mit ihren Rechten, ihrer Identität und Gestaltungsfähigkeit stehen, erfordert geeignete und vielfältige Raumangebote, die uns in Reggio faszinierten, uns nachdenklich machten und unsere Raumkonzepte beeinflusst haben.

Weitere wichtige Denkanstöße – speziell für die Bewegungstätigkeit von Kleinkindern – gingen von der Budapester Kinderärztin und Pädagogin Emmi Pikler aus, die sich der Erforschung des Zusammenhanges zwischen der motorischen und geistigen Entwicklung von Kleinkindern widmete. Aus ihren Fortbildungen gewannen wir für unsere Kitas diese Einsicht: Damit Kinder sich frei und sicher bewegen können, brauchen sie permanent Gelegenheit dazu, also Räume mit Freiflächen und mit einfachen Geräten für ihre Bewegungsübungen.

Die Entwicklung Integrativer Pädagogik für behinderte und nichtbehinderte Kinder begann in den 80er Jahren wie an anderen Orten auch in Kreuzberg. Sie machte uns klar, dass das beste integrative Konzept nicht ausreicht, wenn es nicht von einer unkonventionellen und erweiternden Sicht auf die Räume ergänzt wird. Keines der Kinder sollte in seiner Bewegung eingeschränkt werden, sondern in jeder Situation selbstständig handeln können.

Die große Anzahl von Kindern nichtdeutscher Herkunft in den Kreuzberger Kitas veranlasste uns schon frühzeitig, uns mit dem Thema »Interkulturelle Erziehung« zu befassen. Unsere Absicht war, kulturelle Hintergründe und Identitäten nicht etwa durch Anpassung an die dominierende Kultur zu nivellieren, sondern sie vielmehr zu akzeptieren, zu fördern und damit eine Bereicherung für Kinder, Eltern und Erzieherinnen zu schaffen. Wir nahmen an, dass das gegenseitige Kennenlernen zu Toleranz und Völkerverständigung in der Kita beitragen würde. Ob das immer gelungen ist, sei dahin gestellt, zumal sich die Auffassungen von multikultureller Gesellschaft im Wandel befinden. Unabhängig davon hielten Elemente kultureller Vielfalt Einzug in die Kiträume und machten sie farbiger und vielschichtiger.

In den vergangenen Jahren setzte sich allmählich die Überzeugung durch, dass bei Neubauten neben Architekten auch Pädagogen als Experten für das Innenleben von Kindertagesstätten beteiligt werden müssten. Es entstanden Planungsgruppen, die dazu beitrugen, Kitas zu bauen, deren Binnengliederungen derart beschaffen sind, dass Kinder und Erwachsene sich dort gut orientieren und zusammen leben können. Diese Arbeit schärfte, wie wir meinen, unseren Blick für den Zusammenhang zwischen Architektur und Pädagogik. Es wurde offensichtlich, dass Raumgestaltung eine Fortsetzung geeigneter Architektur mit anderen Mitteln ist. Ebenso deutlich zeichnete sich aber auch ab, dass da, wo die Architektur den pädagogischen Ansprüchen nicht genügt, besonders hohe Anforderungen an die Raumgestaltung gestellt werden müssen, um zu versuchen, architektonische Mängel so weit wie möglich auszugleichen.

Erinnern wir uns an die längst überholten Hygienevorschriften in Krippen, in denen Eltern ihre Kinder an der Wickeltheke abgeben mussten, weil sie die Räume nicht betreten durften, dann wird offenbar, welch langen Weg zu mehr Akzeptanz sie zurückgelegt haben. Durch Mitbestimmungsrechte und größere Entscheidungsfreiheit bei der Auswahl der geeigneten Kita für ihre Kinder haben sie endlich die ihnen gebührende Rolle in der Erziehungspartnerschaft – auch ein Meilenstein! – in den Kindertagesstätten übernommen. Neben dem pädagogischen Konzept, das sie beurteilen wollen, ist ihnen keinesfalls gleichgültig, in welcher Art von Räumen ihre Kinder den Tag verbringen. Eine sinnvolle und anregungsreiche Raumgestaltung bietet den

Familien die Gewähr, dass ihre Kinder sich in der Kita wohl fühlen und in ihrer Menschenwürde und Kultur respektiert und gefördert werden. Es scheint, dass die Räume inzwischen für viele Eltern zu einem wichtigen Kriterium bei der Wahl einer Kita geworden sind.

Unsere Diskussion zu den Raumkonzepten wurde auch von der Debatte um den konstruktivistischen Bildungsbegriff beeinflusst, in dessen Zentrum sich das mit einem riesigen Entwicklungspotenzial ausgestattete Kind befindet.

Eine weitere Grundlage war der Prozess, für alle Kreuzberger Kindertagesstätten vergleichbare und verbindliche Orientierungen zu entwickeln, Qualitätsstandards zu definieren und deren Absicherung in der Kitapraxis zu beschreiben. Das entsprach auch dem ausdrücklichen Wunsch der Eltern.

Trotz vielfältiger Erfahrungen mit der Wirkung von Räumen fehlten noch Raumkonzepte. Deswegen machten wir uns mit einer Gruppe von Erzieherinnen und Leiterinnen an die Arbeit, die Lücke zu schließen. An diesem Buch – von Pädagogen für Pädagogen – haben in einem intensiven Diskussionsprozess mitgearbeitet: Alexandra Achterberg, Brigitte Armgardt, Beate Bodenstein, Konstanze Edinger, Marianne Leiner, Heike Lühmann und Ilona Seidel.

Es geht um
- die Lernprozesse der Kinder in ihrem sozialen Umfeld;
- die Wechselwirkung zwischen den Tätigkeiten und Erfahrungen der Kinder in den Räumen und den Einfluss, den Räume auf ihr Lernen und ihre Entwicklung ausüben;
- die Differenzierung von Raumbereichen, die beide Erfahrungen ermöglichen: Individualität und Gemeinsamkeit;
- die Nutzung unterschiedlicher Räume;
- eine Raumgestaltung, in der Licht, Farben und die Spuren der Kinder zu finden sind;
- die räumlichen Voraussetzungen für die Erziehungspartnerschaft mit den Eltern und
- den Wandel von Raumkonzepten und die dafür erforderliche Kooperation der Pädagogen.

Wir möchten unsere Erfahrungen, Diskussionen und Anregungen – auch auf dem Hintergrund der jüngsten Bildungsdebatte – mit anderen Fachleuten teilen und einen Beitrag dazu leisten, die Bedeutung von Erfahrungs-Räumen für die Kinder bewusst zu machen.

LEBEN UND LERNEN IN DER KINDERTAGESSTÄTTE

Kita-Kinder leben täglich viele Stunden und oft mehrere Jahre ihres Lebens in ihrem zweiten Zuhause Kindertagesstätte, das von Groß und Klein Kita genannt wird. In dieser Zeit finden die grundlegenden Entwicklungen der Kinder statt.

Welche Art von Räumen brauchen Kinder, um in der Kita gut aufzuwachsen und sich wohl zu fühlen? Können Räume Kinder anregen oder verzaubern, lassen sie sie gleichgültig oder wird die Lebendigkeit der Kinder gar gelähmt? Fördern oder beeinträchtigen Räume die Entwicklung der Kinder?

Machen wir uns zunächst ein paar Gedanken darüber, wie Kinder grundsätzlich und folglich auch in der Kita lernen und sich die Welt aneignen. Es ist nicht neu, wie sie es tun, sondern hat sich in einer langen Menschheitsgeschichte entwickelt. Auch jeder von uns, die wir längst erwachsen sind, hat diesen erstaunlichen Weg zurückgelegt. Neu ist allerdings, dass wir jetzt mehr darüber wissen, wie Kinder lernen, weil erst moderne Forschungsmethoden (Entwicklungs- und Kognitionsforschung, Neurowissenschaften usw.) die Möglichkeit bieten, diese Erkenntnisse zu gewinnen und zu verarbeiten.

Wie lernen Kinder die Welt kennen?

Kinder kommen als kleine Unbekannte auf die Welt. Sie kennen uns noch nicht und wir kennen sie noch nicht. Babys sind aber mit einem riesigen Lernpotenzial ausgestattet, das sie in einem rasanten Tempo in die Lage versetzt, sich zu orientieren, ihre Familie, ihre Umgebung, Sprache und Kultur kennen zu lernen und sich zu Eigen zu machen. Auch wenn wir es täglich erleben, bleibt es faszinierend, welche großartigen Fähigkeiten die neuen Erdenbürger – jeder ein kleines Weltwunder – mitbringen. Dass ihnen mit einem Nürnberger Trichter Wissen oder gar Handlungsstrategien eingeflößt werden könnten, daran bestehen schon seit geraumer Zeit Zweifel. Belehrungen von uns Erwachsenen, die wir so gern unsere gesammelten Erfahrungen weitergeben möchten, stoßen bei kleinen Kindern auf Unverständnis, weil sie den Sinn noch gar nicht verstehen können, sondern sich erst selbst erschließen müssen.

Es gibt aber schon seit Jahren Aussagen, dass Kinder »aktiv Lernende« und »Konstrukteure ihrer Entwicklung« sind. Diese Annahmen vermitteln ein anderes Bild vom Kind als dem ausschließlich zu versorgenden und zu fütternden. Die Beobachtungen von Emmi Pikler im Budapester Kleinkindheim zeigen, dass Kinder sich dann gut entwickeln, wenn sie ihre Bewegungsabläufe selbst bestimmen können, ohne durch Eingriffe von Erwachsenen dauernd dabei gestört zu werden. Die körperliche Sicherheit, die sie dadurch gewinnen, bildet ein stabiles Fundament für ihre Entwicklung.

Die Pädagogen in den kommunalen Krippen und Kindergärten in Reggio Emilia kommen auf

Grund ihrer langjährigen Forschungen und Praxiserfahrungen zu vergleichbaren Ergebnissen: Ihrer Überzeugung nach sind Kinder keine hilflosen kleinen Wesen, sondern von Anfang an kompetente Konstrukteure und Organisatoren ihrer eigenen Lernprozesse, die sie in der Interaktion mit anderen aktiv gestalten.

Auch neuere Untersuchungen zu diesem Themenbereich wurden im Alltagsgeschehen von Kindertageseinrichtungen durchgeführt.[1] Sie bestätigen ebenso wie die Entwicklungsforschungen der letzten Jahre die Erkenntnis, dass Kinder sich durch Selbsttätigkeit die Welt aneignen; dass sie nicht gebildet werden, sondern sich in sozialen Zusammenhängen selbst bilden.

Wie können wir uns vorstellen, dass Kinder sich allmählich, in der frühen Kindheit sogar explosionsartig, Wissen und Fähigkeiten aneignen, kognitive und soziale Kompetenz entwickeln, ohne dass ihnen diese Kompetenzen von Erwachsenen beigebracht werden? Wer »programmiert« ihre enorm aufnahmefähigen Gehirne? Sie tun es selbst. Durch unermüdliche Tätigkeiten, durch Suchen und Ausprobieren erarbeiten sie sich im Kontakt mit Kindern und Erwachsenen die Welt und machen sich ein Bild von ihr und von sich selbst.

Haben Erwachsene, wenn sie die Eigensteuerung des Kindes als seinen Weg zu lernen akzeptieren, nun gar nichts mehr mit der Erziehung zu tun, außer dass sie die Kinder in den ersten Lebensjahren versorgen? Das Gegenteil ist der Fall. Erwachsene werden als Begleitpersonen der Kinder niemals arbeitslos. Damit sich das un-glaubliche Entwicklungspotenzial der Kinder entfalten kann, übernehmen Erwachsene die Aufgabe, den Kindern bei der Auseinandersetzung mit ihrer Umwelt zu helfen, denn kleine Kinder können sich einen großen Teil ihrer Informationen nur mit Hilfe von anderen Menschen beschaffen. Eltern und Erzieherinnen haben daher großen Einfluss darauf, welche Möglichkeiten sie den Kindern eröffnen. (Wir verwenden durchgängig die Schreibweise Erzieherinnen in der Hoffnung, dass sich sowohl weibliche als auch männliche Erzieher/innen angesprochen fühlen.)

Zuallererst brauchen Kinder verlässliche Bindungsbeziehungen zu Eltern und Erzieherinnen, die ihnen Wärme, Geborgenheit und Zuflucht geben. Diese stabile Zuwendung bildet eine wesentliche Grundlage für die aktive Eigenentwicklung der Kinder.

Wenn Erwachsene anerkennen, dass Kinder nicht fremd-, sondern eigengesteuert lernen, ist damit ein Perspektivenwechsel für ihre Beziehungen zu den Kindern verbunden. Kinder respektvoll und einfühlsam zu begleiten heißt nicht etwa, weniger, sondern mehr Aufmerksamkeit für den Umgang mit ihnen aufzubringen. Der Sichtwechsel in Bezug auf die Lern- und Entwicklungsmöglichkeiten der Kinder kann daher ein anderes Verständnis der Erzieherinnen-Rolle nach sich ziehen. Das kann bedeuten, Fragen der Kinder nicht einfach zu beantworten, sondern ihnen das Umfeld so anregend und interessant zu gestalten, dass sie in der Lage sind, auf viele ihrer Fragen selbst eine Antwort zu finden.

---

1 *Zum »neuen Bild vom Kind« vgl.: W. E. Fthenakis, Gopnik/ Kuhl/ Meltzoff, H. J. Laewen (s. Literaturverzeichnis)*

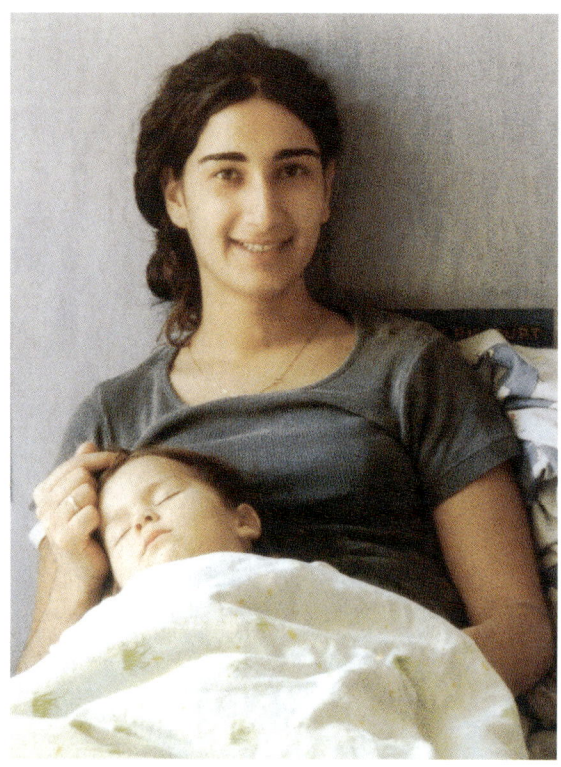

Während der Eingewöhnungszeit schlief dieses Kind nur auf dem Bauch seiner Erzieherin.

Kinder können nicht isoliert aufwachsen und lernen, sondern brauchen für ihre emotionale, kognitive und soziale Entwicklung ständig und verlässlich das Gegenüber, und zwar nicht nur Erwachsene, sondern auch Kinder. Das in der Kita übliche Zusammenleben von Kindern birgt in sich die große Chance, dass sie sich gegenseitig bei ihren Tätigkeiten, beim unentwegten Ausprobieren und Lernen anregen, ergänzen und bestätigen. Kinder werden damit zu unverzichtbaren Kooperationspartnern beim gemeinsamen Aufwachsen und beim Entdecken ihrer Welt.

Außerdem brauchen Kinder eine anregungsreiche Umgebung, die ihre Tätigkeiten und ihre Auseinandersetzung mit der Umwelt ebenso herausfordert wie unterstützt. Dazu gehören

- die Raumordnung für eine klare, aber flexible Nutzung;
- die Raumgestaltung für vielschichtige Wahrnehmung, denn das Gehirn des Kindes ist für seine Entwicklung auf sensorische Eindrücke und Erfahrungen angewiesen;
- Bewegungsräume für Körpererfahrungen, um sich aktiv auszuprobieren und um Kontakte mit anderen Kindern aufnehmen zu können;
- reichhaltiges Material zur Auseinandersetzung als eine der wichtigsten Quellen, Verständnis für Objekte, deren Beziehungen zueinander und für die Welt zu gewinnen.

Das Lernen der Kinder ist ganz konkret an Einzeltätigkeiten und -erfahrungen gebunden. Je differenzierter und vielschichtiger die Umgebung, also auch die Räume, gestaltet sind, umso intensiver kann sich ihr Wahrnehmungs- und Erfahrungsreichtum entwickeln.

Unbedacht gestaltete Räume können dazu beitragen, dass die Fähigkeiten der Kinder dauerhaft unterfordert werden. Es ist deshalb von entscheidender Bedeutung, welchem Ausschnitt der Welt die Kinder in der Kita begegnen, in der sie täglich viele Stunden ihres wachen Lebens verbringen.

Viele Pädagogen sind der Auffassung, dass die Kinder ein Recht auf räumliche Anregung und Förderung haben. Diese Erzieherinnen haben außerdem festgestellt, dass übersichtlich und interessant gestaltete Räume nicht nur den Kindern, sondern auch ihnen selbst das Zusam-

menleben erleichtern, weil die Kinder sich in solchen Räumen auch außerhalb organisierter Aktivitäten jederzeit allein oder mit anderen betätigen und ihre kleinen und großen Erfahrungen sammeln können.

Am Beispiel einiger für die Kinder lebenswichtigen Elemente wie Selbstständigkeit, Orientierung, Beziehungen, Kooperation, Forschen und Lernen soll die Wirkung der Räume auf die Kinder genauer erörtert werden.

Was brauchen Kinder für ihre Entwicklung und ihr Wohlbefinden?

Selbstständigkeit

Bei der Frage nach den Erziehungszielen in Kindertagesstätten wird fast immer die Begleitung, Förderung oder »Erziehung« der Kinder zur Selbstständigkeit an erster Stelle genannt. Wer kennt nicht den Trompetenruf »(al)'leine!« kleiner Kinder, die größten Wert auf selbstständiges Handeln in den Situationen legen, die sie schon beherrschen oder endlich beherrschen wollen. Die zunehmende Fähigkeit, autonom zu denken, zu entscheiden und zu handeln, ist eines der wichtigsten Elemente, die die Würde des Menschen, also auch die der Kinder, ausmachen. Insofern ist es verständlich, dass dieses Erziehungsziel – neben anderen wichtigen – besonders hervorgehoben wird.

Was hat aber die Entwicklung und Förderung der Selbstständigkeit mit Raumkonzepten, mit der Einrichtung und Gestaltung von Räumen zu tun?
- Eröffnen die Räume den Kindern alle Möglichkeiten, selbstständig zu handeln?
- Stehen den Kindern die Türen offen, damit sie ihre Wege durch die Räume sicher und allein finden?
- Sind die Dinge, die sie brauchen, für alle Kinder gut erreichbar?
- Können sie selbst entscheiden, was und mit wem sie spielen wollen?
- Haben die Kinder die Möglichkeit, sich aus der Gruppe zurückzuziehen, um sich von den manchmal anstrengenden Anforderungen auszuruhen und neue Energie zu tanken?

Die Antworten auf diese Fragen sind nicht dauerhaft, sondern müssen je nach Entwicklungsphase und Lebenssituation, nach Bedürfnissen und Interessen der Kinder immer wieder neu gefunden werden. Ausschlaggebend ist, dass diese Fragen ständig aufs Neue gestellt werden. Fallen die Antworten positiv aus, ist ausreichend Zeit bis zu den nächsten Überprüfungen. Können sie nicht eindeutig im Sinne der Kinder mit einem JA beantwortet werden, stehen alle Erwachsenen – Erzieherinnen und Eltern – vor der Aufgabe, gemeinsam nach Lösungen zu suchen.

Die Frage »Unterstützen oder behindern die Räume das Entwicklungspotenzial und die Selbstständigkeit der Kinder?« wird uns durch dieses Buch begleiten. Denn sie ist ein entscheidendes Kriterium für die Raumzuordnung, -einrichtung und -gestaltung.

Eine Voraussetzung für die Entwicklung der Kinder zu mehr Eigenständigkeit, Unabhängigkeit und später auch Eigenverantwortung ist, dass sie sich in ihrem Umfeld jederzeit gut orientieren können. In ihre Familie werden sie hineingeboren, da kennen sie sich bald aus. Die Kita ist zunächst ein fremder Ort, an dem sie sich völlig neu orientieren müssen.

Orientierung im Raum ...

Sich zu orientieren heißt, unbekannte Personen, Räume, Objekte und Situationen erfassen, verstehen und einordnen zu können, sich zurechtzufinden und sich mit dem eigenen Verhalten – bewusst oder unbewusst – auf diese Herausforderung einzustellen.

- Sich zu orientieren heißt aber auch, sich selbst durch Spiegel und Reaktionen der anderen kennen zu lernen und seine Identität zu finden und zu entwickeln.
- Menschen orientieren sich nicht nur mit den Augen, sondern mit allen zur Verfügung stehenden Sinnen.
- Das Hören (z.B. Gespräche, Musik, Lärm, zarte Geräusche),
- der Geruchssinn (z.B. Düfte, die beste Freundin »gut riechen« können, anheimelnde Küchengerüche) und
- der Tastsinn der Hände und Füße (z.B. glatt – rau, weich – hart, warm – kalt), das Wahrnehmen von Schwingungen (z.B. Verkehr, Fußboden, Glocken)

haben im Zusammenspiel von Sinneseindrücken, für das Erkennen und Orientieren eine vergleichbar große Bedeutung wie das Sehen.

Die Anregung und Förderung aller Wahrnehmungsfunktionen von Geburt an sind Voraussetzungen für das Orientierungsvermögen der Kinder.

Kleine Kinder verändern sich schnell und müssen ihre Sichtweisen zur Orientierung ständig erweitern. Jedoch ist der Anspruch, sich immer wieder orientieren zu müssen, keineswegs mit der Kindheit abgeschlossen, sondern begleitet uns, wie wir wissen, ein ganzes Leben lang. Erinnert sei an Situationen, in denen wir vertrautes Terrain verlassen und uns fremde Orte oder Gruppen, wie z.B. ein neues Berufsfeld, erschließen wollen oder müssen.

Je sicherer sich Kinder orientieren können, umso unabhängiger werden sie Schritt für Schritt von der unmittelbaren Hilfestellung durch die Erwachsenen. Unterstützen können

15

und müssen wir sie allerdings dabei, indem wir ihnen Orientierungshilfen zur Verfügung stellen, die es ihnen erlauben, sich zurechtzufinden und – zunächst im überschaubaren Rahmen – selbstständig ihre Umgebung zu erkunden und angstfrei ihre eigenen kleinen oder größeren Wege zu gehen.

Orientierungspunkte ...

...können ganz unterschiedliche Elemente sein, wie z.B. Licht, Farbe, Wege, Objekte, spezielle Möbel, Besonderheiten der Raumbereiche und vieles andere mehr. Die Auswahl von geeigneten Orientierungshilfen basiert auf der genauen Beobachtung dessen, woran sich die Kinder orientieren. Das kann von Kind zu Kind, von Raum zu Raum verschieden sein und unterscheidet sich enorm in den jeweiligen Entwicklungsstadien.

Weil nicht einmal in altershomogenen Kindergruppen alle Kinder sich auf dem gleichen Entwicklungsniveau befinden, ist es für die Erzieherinnen eine große Aufgabe, mit allen Kindern Wege zu ihrer Orientierung zu finden. In altersgemischten Gruppen und Integrationsgruppen ist das Entwicklungsspektrum noch sehr viel breiter gestreut. Trotzdem muss es möglich sein, dass alle Kinder die für sie geeigneten Orientierungshilfen in den gemeinsamen Räumen vorfinden.

Orientierungshilfen können sein:
- Kinder, die auf dem Rücken liegen und oft nach oben an die Decke sehen, werden sich an dem orientieren, was sich über ihnen befindet, z.B. an Fenstern, Farben, Mobiles, Stoffbahnen.

- Wenn Kinder krabbeln, schauen sie mehr auf den Fußboden und sind entzückt über besondere Dinge und Merkmale, die sie dort wieder finden. Eine genauso intensive Wirkung haben Besonderheiten in Augenhöhe der sitzenden Kinder.

- Mit dem aufrechten Gang weitet sich der Horizont und Gegenstände und Wände in Augenhöhe der stehenden Kinder spielen eine zunehmend größere Rolle.
- Mit erweitertem Aktionsradius nimmt das Interesse für andere Zimmer mit ihren Türen, Durchgängen, Objekten und Personen zu. Je älter die Kinder werden, umso weiter wird die Umgebung als ihr »Raum«, in dem sie sich orientieren.
- Podeste, Klettergeräte und Emporen sind nicht nur unübersehbare, sondern vor allem beeindruckende Raumelemente, Bezugs- und Orientierungspunkte. Sie eröffnen den Kindern, die auf sie hinaufsteigen, eine neue Übersicht über den Raum, das Erlebnis von Oben und Unten, von Hoch und Tief, einen Perspektivenwechsel durch die Eroberung der dritten Dimension.
- Ältere Kinder entwickeln allmählich ein genaueres Verständnis für die Zusammenhänge von Räumen, Entfernungen, Ereignissen und Beziehungen.

... und Orientierung in der Zeit

Neben der Orientierung im Raum und an Personen sind Kinder schon früh in der Lage, einen Zeitrhythmus zu empfinden, lange bevor sie die Uhrzeit kennen. Das Tageslicht gibt, außer dass es wärmt und belebt, zeitliche Orientierung. Kleine Kinder können anhand von wiederkehrenden Licht- und Schattenspielen an der Wand oder auf Gegenständen Zeitvorstellungen entwickeln. (Obwohl künstliches Licht auch Schatten wirft, kann es die Wirkung zeitlicher Orientierung nicht erzeugen, weil es unbeweglich ist.) Es lohnt sich also zu beobachten, wie Kinder auf Lichteinfall reagieren, mit ihm spielen und sich daran orientieren. Darum wäre es schade, wenn wir in unseren oft dunklen Breitengraden das Tageslicht aussperren; vielmehr sollten wir so viel wie möglich davon einlassen.

Auch der Tagesablauf kann eine zeitlich orientierende Wirkung für die Kinder haben. Zu unterschiedlichen Tageszeiten gehen sie verschiedenartigen Tätigkeiten nach, die sie auseinander halten und zuordnen können.

Wie wir auch in dem folgenden Gespräch erfahren, haben gegliederte Zeiträume wie Wochentage oder Jahreszeiten bereits einen prägenden Einfluss auf Kinder im Elementarbereich, vor allem aber auf Schulkinder. Darüber hinaus zeigen sie über den Tag hinaus ein großes Interesse daran, zu erfahren, von wo sie kommen, wer sie sind und was sie demnächst tun werden. Dieses biografische Empfinden oder Bewusstsein aufzugreifen und in der Raumausstattung nachvollziehbar zu machen, ist eine einfühlsame Unterstützung der Kinder bei ihrer Identitätsentwicklung.

Im folgenden Gespräch berichtet eine Erzieherin von ihren Erfahrungen mit dem Orientierungsbedarf der Kinder ihrer Gruppe.

Wie orientieren sich Kinder in neuen Räumen?

Ein Gespräch mit Ilona Seidel

Ilona, ihr Erzieherinnen begleitet die Kinder von der Krippe in den Elementarbereich, bis sie in den Hort gehen. Dadurch haben die Kinder eine langjährige Beziehung innerhalb der Gruppe und mit euch Erwachsenen. Wegen des veränderten Raumbedarfs zieht ihr in der Regel alle zwei Jahre mit den Kindern in andere Räume um, und zwar vom Babyraum bis in die Kindergartenräume. Woran orientieren sich die Kinder nach dem Umzug? Wie helft ihr ihnen dabei?

I.S.: Es ist wichtig, dass die Kinder vertraute Gegenstände in den neuen Räumen wieder finden. Die Kinder unserer Gruppe haben z.B. vom Babyalter an Eigentumsfächer, in denen sie zunächst ihre Kuscheltiere und später auch anderes Spielzeug aufbewahren. Diese Eigentumsfächer »wandern« mit ihnen in die neuen Räume. Die Bauecke haben wir komplett eine Etage höher wieder so eingerichtet, wie sie vorher war. Gegenstände aus der Puppenecke sind auch mit umgezogen.

Welche waren das?

I.S.: Die meisten Möbel waren in der Puppenecke vorhanden, aber die Puppen selbst und alle beweglichen Teile haben wir mitgenommen; das waren Kissen, Decken, Geschirr und auch ein Schaukelstuhl der Kinder. Besonders wichtig war für die Kinder das Puppenbett. Wir haben sie gefragt, ob wir es in die neue Rollenspielecke im Kindergarten mitnehmen

sollten. Die Kinder erklärten sofort: »Aber das können wir nicht weggeben, denn in das Puppenbett haben wir uns doch selbst reingelegt, als wir noch klein waren!«

Natürlich werden die bekannten Gegenstände auch durch neue ergänzt. In diesem Jahr sind es kleine Rattansessel, die die Kinder jetzt als ihre eigenen betrachten und in die Spiellandschaft integriert haben.

Gibt es noch andere Dinge, die während eines ganzen Gruppenlebens mit euch umziehen?

I.S.: Ja, ein Wochentagskalender, den wir Erzieherinnen inzwischen nicht mehr schön finden, weil er schon etwas verbraucht aussieht. Darin wurden, als die Kinder noch jünger waren, die »Schlaftage«, d.h. die Tage eingetragen, an denen die Kinder vereinbarungsgemäß schlafen wollten und sollten. Jetzt werden in diesem Kalender auch die Tischdienste eingetragen. Die Kinder kennen den Kalender also schon lange, sie brauchen und lieben ihn und können mittlerweile auch die Namen der Wochentage in Deutsch und Türkisch identifizieren. Als ich bei einem Morgenkreis kurz nach den Sommerferien vergessen habe, den Kalender zu erwähnen, riefen die Kinder: »Ilona, du hast vergessen, den Kalender umzublättern!«

Nachdem einige Vorschulkinder die Gruppe verlassen hatten, standen auf dem Kalender noch ihre Namen für die Tischdienste, die wir nun neu organisieren wollten. Wir Kolleginnen dachten, das sei der geeignete Zeitpunkt, um einen neuen Kalender anzufertigen. Als wir aber die Kinder danach fragten, bestanden sie darauf, den alten Kalender zu

behalten und machten den Vorschlag: »Klebt doch auf die Namen der Kinder, die nicht mehr hier sind, etwas drauf!« Es sind oft die Kleinigkeiten, die eigentlich keine Kleinigkeiten sind, sondern für die Kinder eine unerwartet große Bedeutung haben.

Kannst Du Dich daran erinnern, wie einzelne Kinder reagierten, als sie zum ersten Mal in die neuen Räume kamen und Dinge sahen, die ihnen vertraut waren?

I.S.: Mit den Kindern unserer Gruppe, die während der Sommerferien in der Kita sind, richten wir die neuen Räume gemeinsam ein. Die Kinder finden es spannend, endlich dahin zu kommen, wovon wir schon lange geredet haben, wo sie »groß« werden und von wo aus sie in den Hort wechseln. Den beteiligten Kindern sind also die neuen Räume vom ersten Umzugstag an vertraut. Aber ich erinnere mich, dass ein Junge, der mit seiner Familie lange Ferien in der Türkei gemacht hatte, völlig verunsichert war, als ihn

seine Mutter das erste Mal wieder brachte. Er blieb auf der Schwelle stehen und wollte nicht hereinkommen. Ich führte ihn dann erst einmal zu seinem Eigentumsfach, das er sofort wieder erkannte. Danach überlegte ich, was ihm noch bekannt sein würde und überredete ihn, die Tierecke (Baubereich mit Tieren) zu besuchen. Er entdeckte sofort »seine« Tiere und war beruhigt. Er spielte ganz zufrieden in der Tierecke und blieb dann auch in der Gruppe.

Ilona, meinst Du, dass die Kinder Verständnis und Interesse für ihre Vergangenheit, Gegenwart und Zukunft haben, für ihre Wurzeln und ihr Wachsen?

I.S.: Das glaube ich ganz bestimmt. Wir haben nämlich Fotoalben, die in einem Korb neben dem Bücherkorb liegen. Mit den Fotoalben haben wir angefangen, als die Kinder noch im Babyalter waren. Die Alben werden durch Fotos der einzelnen Kinder und Gruppenfotos ergänzt, bis die Kinder die Gruppe verlassen. In den Fotoalben lesen die Kinder – wie in Büchern – ihre eigene Geschichte und die Geschichte der Gruppe. Die Kinder vergleichen, was sie früher in und mit der Gruppe gemacht haben, wer sie waren und wer sie heute sind. Dass einige Vorschulkinder die Gruppe verlassen würden, war für die Kinder hart und sie mussten sich neu an Vertrautem und Verändertem orientieren. Sie haben das Abschiednehmen von Kindern, die sie lange kannten, aktiv mit gestaltet, indem sie gemeinsam aus den Alben die Fotos der Kinder herausgesucht haben, die die Gruppe verlassen, und sie ihnen gegeben haben.

19

In diesen »Briefkästen« hinterlegen die Kinder als Ausdruck ihrer Beziehungen kleine Botschaften für die anderen.

Kommunikation und Beziehungen

»Kinder haben das Recht Freunde zu haben, sonst wachsen sie nicht so gut.«[2]

Kinder haben den starken Wunsch, mit Gleichaltrigen zusammen zu sein, mit ihnen zu spielen, zu reden, kleine Schätze zu tauschen, Geheimnisse zu teilen und Freundschaften zu schließen. Einzeln aufwachsende Kinder treffen hier ihre neuen »Geschwister«. Sie lieben die Geselligkeit, müssen diese Art der Kommunikation manchmal aber erst ausprobieren. Auch bei kleinen Kindern ist dieses Bedürfnis deutlich vorhanden. Sie verständigen sich untereinander in ihrer eigenen Sprache, mit Lauten, Mimik, Gestik und Körperkontakten, die ältere Kinder meistens gar nicht und Erwachsene auch nicht immer verstehen. Obwohl die Errungenschaft des selbstständigen Handelns im Vordergrund steht, spielen gleichzeitig die Schutz und Orientierung gebenden Eltern und Erzieherinnen eine

2   *Aussage eines 5-jährigen Jungen in: Reggio Children »Ein Ausflug in die Rechte von Kindern«, S. 19*

wesentliche Rolle. In vielen Situationen beziehen sich die Kleinen intensiv auf die vertrauten Erwachsenen, manchmal auch bei der Kontaktaufnahme zu anderen Kindern.

Um das Bedürfnis nach Begegnungen, Beziehungen, Kommunikation und Geselligkeit zu befriedigen, müssen in den Räumen geeignete Orte zur Verfügung stehen für

- Treffen der ganzen Gruppe (Morgenkreis, Kinderbesprechung, Treffpunkt zum Austauschen von Nachrichten),
- wechselnde Kleingruppen (Freispiel, organisierte Tätigkeiten) und
- versteckte Ecken für das Zusammensein mit wenigen Freunden.

Die Räume haben auch die Funktion, Beziehungen zwischen den Kindern zu fördern. Sie können durch die Art ihrer Anordnung und Gestaltung, wie sie nämlich Platz für Untergruppen bieten, sogar dazu beitragen, das Niveau möglicher Aggressionen zu senken und Kinder zu einem ausgeglicheneren Umgang miteinander zu beeinflussen. Räume so zu gestalten ist eine interessante und fesselnde Aufgabe für Erzieherinnen, die genaue Beobachtungen der Gruppenprozesse voraussetzt. Dabei fällt sicher auf, dass Kinder keineswegs nur verbal Kontakte miteinander aufnehmen, sondern vor allem die Jüngeren durch permanente Bewegung und Körperwahrnehmung mit anderen Kindern bekannt und vertraut werden. Je jünger die Kinder sind, umso ausgeprägter ist dieses Verhalten, das zu seiner Entfaltung freie Flächen und geeignete Spielgeräte braucht.

Kooperation: Zusammenspiel der Kinder

Soziales Lernen als Erziehungsziel – was ist das und wie können Kinder sich ihm annähern? Weil es sich dabei um einen komplexen Lern- und Verhaltensbereich handelt, greifen wir im Zusammenhang mit der Einrichtung und Gestaltung von Räumen die Kooperation zwischen Kindern heraus und konzentrieren uns darauf.

So sehr Kinder ihre Eigenständigkeit betonen, sind sie doch ebenfalls an einem befriedigenden Zusammenspiel mit anderen Kindern interessiert. Kinder erfahren und verstehen, dass es nicht nur belebender, sondern auch produktiver sein kann, etwas mit anderen gemeinsam zu tun, »...weil zusammen spielen schön ist. Alleine kann man nur wenige Spiele machen. Wenn einer allein ist, dann ist er nur einer.«[3]

---

3   *Aussage eines 5-jährigen Mädchens in: Reggio Children »Ein Ausflug in die Rechte von Kindern«, S. 18*

In Kleingruppen, von Kindern oder Erzieherinnen organisiert, können die Kinder spielen und arbeiten, sich gegenseitig anregen, sich aber auch in längeren Phasen auf ihren Spiel- oder Arbeitsprozess konzentrieren. Kinder, die ein gemeinsames Ziel haben und miteinander kooperieren, sei es im Spiel oder bei zusammen entwickelten Aufgaben, werden auch nicht immer einer Meinung, aber schneller bereit sein, sich wieder zu einigen.

Wie und in welchem Umfang Kinder miteinander kooperieren, hängt aber nicht nur von ihren sozialen und kognitiven Fähigkeiten ab, sondern ganz entscheidend davon, welche Kooperationsmöglichkeiten die Räume bieten:

Gibt es abgeschirmte Ecken oder Räume, in denen die Kinder ungestört ihre Zusammenarbeit aushandeln, ausprobieren, entwickeln und genießen können?

Liegen die benötigten Materialien bereit, so dass die Kinder nicht dauernd durch die Räume laufen müssen, um etwas zu holen?

Können sie ihre angefangenen Arbeiten liegen lassen, um sie später gemeinsam fortzusetzen?

So, wie die Räume Voraussetzungen für Spontaneität und situationsbedingte Entscheidungen bieten müssen, sollte auch Kontinuität als ein Merkmal von Kooperation gewährleistet sein.

Müssten nicht auch die Räume dringend auf ihre Funktionalität hin überprüft werden, wenn beobachtet wird, dass Kinder nur schwer kooperieren können? Denn es liegt nicht immer an den Kindern, sondern möglicherweise an den für eine Kooperation ungeeigneten Räumen, deren Einrichtung und Gestaltung die Kooperationsfähigkeit der Kinder nachhaltig beeinflussen.

Forschen – Begreifen – Gestalten

Erwachsene nennen es Kreativität. Kinder sagen: »spielen, machen, gucken, ausprobieren, erfinden, entdecken, malen« – Ausdruck von Vitalität und Freude darüber, allein oder in Kooperation mit Kindern und Erwachsenen zu lernen, zu verstehen und zu wissen.

»Die Kunst des Forschens besitzen Kinder bereits. Sie sind sehr empfänglich für den Genuss, den das Staunen bereitet. Die Kinder entdecken schnell..., dass sie gerade in dieser Fähigkeit einen großen Teil ihrer Lebensfreude finden...« [4]

Forschen – was ist damit gemeint? Wenn wir einem kleinen Kind zuschauen, wie es einen unbekannten Gegenstand untersucht, können auch wir nur staunen: Es betrachtet ihn von allen Seiten, steckt ihn in den Mund, betastet ihn, klopft oder wirft damit, überprüft seinen Klang, seine Gestalt, seine Bewegung und ist entzückt über jede neue Entdeckung. Auch ältere Kinder verfahren ähnlich mit neuem Material, das sie in die Hand bekommen; sie prüfen, vergleichen, probieren aus und stellen Fragen.

Kinder erforschen die Welt und »erschaffen« sie in ihrer Wahrnehmung und Gestaltung neu. Sie setzen sich damit in Beziehung zu ihrer Umwelt, zu Natur und Technik, zu anderen Kin-

---

4   Loris Malaguzzi in »Zum besseren Verständnis der Ausstellung - 16 Thesen zum pädagogischen Konzept«, S. 4

dern und Erwachsenen. Sie vergleichen, stellen Ähnlichkeiten und Unterschiede fest, beginnen ihre Identität und ihr Selbstbild in einem lebenslangen Prozess zu entwickeln.

Grunderfahrungen mit Material, der Umgang mit Werkzeugen und das Ausprobieren von Techniken, Experimente und Gestaltungen führen zu neuen Erkenntnissen. Gestaltungen mit unterschiedlichen Materialien, mit Farben und Licht (vgl. Kap. LICHT), durch Bewegung, Geschichten und Rollenspiele sind die Mittel der Kinder, ihre Fragen, Annahmen und Meinungen auszudrücken, sich mit ihrer Umwelt auseinander zu setzen. Auch ihre Selbstdarstellungen sind Ausdruck dieses Erkenntnisprozesses.

Natürlich fangen Kinder mit ihrem Wunsch, sich die Welt anzueignen und sie allmählich zu verstehen, in ihrer unmittelbaren Umgebung an, also auch in der Kita. Wie intensiv oder flüchtig sie es tun, hängt davon ab, wie viel Aufmerksamkeit und Wertschätzung sie dabei durch die Erwachsenen erfahren.

Themen der Kinder aufzugreifen, ihre Fragen ernst zu nehmen, gemeinsam Ideen zu entwickeln, ihnen Zeit und Raum für ihre Gestaltungsprozesse zu schaffen, das ist die Verantwortung der Erzieherinnen.

23

Die Bedeutung der Räume besteht darin, Kindern die Voraussetzungen für erforschendes Lernen und reichhaltige Erfahrungen bereit zu halten; ihnen durch eine geeignete Einrichtung und vielfältige Materialien Anregungen für ihre Tätigkeiten zu geben; ihnen dabei zu helfen, sich intensiv auf ihre Arbeitsprozesse zu konzentrieren. Also müssten Kitas neben wohnlichen Bereichen Werkstätten zum Forschen, Experimentieren und Lernen sein.

Bei den folgenden Fragen handelt es sich um Reflexionen über konkrete Raumbetrachtungen. Die Überlegungen beziehen sich auf bestimmte Raumwahrnehmungen und bilden deshalb keinen vollständigen Katalog.

Fragen an einen Raum

Stellen wir uns einmal vor: wir betreten einen uns fremden Gruppenraum.
Was geht uns Erwachsenen dabei durch den Kopf, wenn wir an die Rechte der Kinder denken, wenn wir – so gut wir es vermögen – versuchen, mit den Augen eines Kindes zu schauen und mit den Gedanken eines Kindes zu fragen?

Womit kann ich spielen?

Wo finde ich die Spielsachen? Ist es wichtig, ob sie immer am selben Platz sind?

Ich würde gern mit allem Möglichen etwas ausprobieren und immer etwas Neues machen. Geht das?

Wo wohnen die Puppen und die Tiere?

Wo kann ich meine angefangenen Sachen aufheben und anderen zeigen?

Wo kann ich meine eigenen Schätze aufbewahren?

Haben die Sachen in diesem Raum etwas mit mir zu tun?

Was macht mich in diesem Raum neugierig? Was kenne ich noch nicht?

Gibt es etwas in diesem Raum, das mir Spaß macht?

Kann ich hier klettern und springen?

Im Waschraum ist es schön, da gibt es nämlich Wasser. Können wir das reinholen?

Kann ich aus dem Fenster schauen? Was gibt es da zu sehen?

Muss ich immer mit allen Kindern zusammen sein?

Wo treffe ich meine Freunde?

Kann ich mal allein sein und träumen?

Können Mama oder Papa hier auch sitzen, wenn sie wollen?

Ist es hier schön?

Wir schlagen vor, beim Betrachten der Fotos und beim Lesen des Textes gelegentlich zu diesen Fragen zurückzukehren, um mit dem Blick auf die eigenen realen Räume nach Antworten für die Raumnutzung und -gestaltung zu suchen.

RAUMBEREICHE ZUR INDIVIDUELLEN UND GEMEINSAMEN NUTZUNG

Weil Kinder einer Gruppe nur selten gleichzeitig dasselbe tun wollen oder können, muss in Räumen Platz für die unterschiedlichen Bedürfnisse und Aktivitäten vorhanden sein. Die Einrichtung von verschiedenartigen Raumbereichen ist eine Grundvoraussetzung, um durch die Bildung von Kleingruppen das Gruppengeschehen jederzeit differenzieren zu können. Diese Bereiche bieten den Kindern die Chance, innerhalb der Gruppe eigene Wege zu gehen, sich individuell zu fühlen und zu verhalten.

Kinder müssen aber auch regelmäßig die ganze Gruppe treffen können, um sich als Mitglied des sozialen Systems Gesamtgruppe zu erleben. Nur wenn die Kinder beide Erfahrungen – Individualität und Gemeinsamkeit – machen, können sie sich gut entwickeln und wohl fühlen.

Eine klare Raumgliederung trägt dazu bei, dass die Kinder die Zuordnung von Materialien und Tätigkeiten erkennen und verstehen. Die Grundstruktur eines Raumes bietet Orientierung für die Kinder und ist entscheidend für ihre zunehmende Selbstständigkeit, Unabhängigkeit und auch für ihre Zufriedenheit.

Ein übersichtlich gegliederter Raum fordert die Kinder geradezu heraus, für spezielle Aktivitäten die dafür vorgesehenen Spiel- und Betätigungs-Bereiche aufzusuchen. Dort können sie ungestört und konzentriert spielen oder arbeiten. Sie brauchen nicht danach zu fragen, wo sich etwas befindet, weil sie es sehen.

Differenziert gestaltete Räume sind so wirksam wie eine »zusätzliche Erzieherin«. Leise, aber nachhaltig beeinflussen sie die Kinder, sich unabhängig von Erzieherinnen mit einer Aufgabe zurückzuziehen, sich allein zu beschäftigen oder mit anderen Kindern Spiele auszuhandeln. Die »zusätzliche Erzieherin« ist eine notwendige Ergänzung, allerdings kein Ersatz für die realen Erzieherinnen. Die Räume führen kein Eigenleben, sondern ihre Atmosphäre und Wirkung sind von den Erzieherinnen geschaffen. Voraussetzung dafür sind die genaue Kenntnis der Kinder und die Wertschätzung ihnen gegenüber.

Von dem gebräuchlichen Begriff »Funktionsecken« verabschieden wir uns, weil er zu technisch erscheint. Zwar ist die Funktionalität auf die Räume bezogen. Allzu oft wird daraus aber ein Automatismus abgeleitet, wonach Kinder diesen Funktionen voll und ganz entsprechen sollten. Sie »funktionieren« aber nicht, sondern verhalten sich oft ganz anders, als wir es erwarten.

Weil wir von den Aktivitäten der Kinder ausgehen, benutzen wir stattdessen die Bezeichnung »Tätigkeitsbereiche«. Darin ist das Ordnungs- und Orientierungsprinzip ebenso wie im Begriff »Funktionsecken« enthalten. Vor allem aber wird mit dem Wort Tätigkeitsbereiche genau das beschrieben, was die Kinder hier, allein oder mit anderen, tun und erleben.

Jede Tätigkeit führt zu neuen Erfahrungen, gedanklicher Verarbeitung und Erkenntnissen, aus denen wieder neue Tätigkeiten entstehen.

Wenn wir uns diese ständig aufeinander aufbauenden Vorgänge als eine fast unendliche Spirale vorstellen, charakterisiert eine solche Aufwärtsbewegung ganz gut den Lern- und Entwicklungsprozess von Kindern. Tätigkeiten und Erfahrungen sind unlösbar aneinander gebunden und lassen sich nur analytisch, kaum aber in den komplexen und feinabgestimmten Prozessen kindlicher Entwicklung trennen.

Wenn wir die unterschiedlichen Raumbereiche also Tätigkeitsbereiche nennen, ist damit auch gemeint, dass Kinder bei jedem Spiel und jeder Tätigkeit sich selbst, andere Kinder und ihre Umwelt besser kennen und verstehen lernen und dabei neue und bedeutsame Erfahrungen machen.

Jüngere Kinder brauchen kombinierte Tätigkeitsbereiche in einem Raum, weil sie meist nach kurzen Spielphasen ihre Aktivitäten wechseln und dann wieder etwas Neues ausprobieren möchten. Dabei ist die Grundordnung des Raumes eine große Hilfe; starre Begrenzungen aber würden Spielprozesse und -abläufe empfindlich stören oder gar nicht erst entstehen lassen. Durch die Raumanordnung Weichen für fließende Übergänge zwischen den Spielphasen zu stellen ist daher im Interesse der Kinder.

Je älter die Kinder werden, desto mehr wachsen ihr Verständnis und ihr Interesse, neben den Tätigkeitsbereichen in den Gruppenräumen für besondere Aktivitäten auch unterschiedliche Räume aufzusuchen, wie das Atelier, den Bewegungs- oder Werkraum. Dabei denken wir an ältere Kinder aus dem Elementarbereich und an Hortkinder, die solche spezialisierten Räume mit ihren Angeboten gut zu nutzen wissen und konkret in ihre Planung für die nächsten Vorhaben einbeziehen.

Welche Tätigkeitsbereiche brauchen Kinder?

Kinder brauchen für ihre Lern- und Entwicklungsprozesse jederzeit die Möglichkeit zum Spielen und Arbeiten, zur Kommunikation oder Konzentration, für Anregungen oder Rückzug, für Bewegung oder Ruhe. Sie müssen wählen und sich entscheiden können, wann sie im Laufe des Tages was tun möchten.

Die Ausdifferenzierung dieser Möglichkeiten führt zu einer großen Vielfalt konkreter Tätigkeiten:

- **Spielen:** Rollenspiele, Küche, Puppen, Verkleiden, Kaufladen, Büro, Post
- **Forschen und Gestalten**
- **Experimentieren und Konstruieren:** Bauen, Untersuchen, Erfinden, Schütten, Gießen, Wiegen, Vergleichen
- **Treffen** als Gesamtgruppe im Morgenkreis oder bei der Kinderbesprechung
- **Bewegung:** Krabbeln, Kriechen, Rutschen, Laufen, Psychomotorik, sportliche Spiele
- **Essen:** Mahlzeiten, Kochen usw.
- **Wasserspiele:** Wickeln, Zähneputzen, Plantschen, Spielen, Entdeckung des Körpers
- **Ruhe und Entspannung:** Lesen, Musik hören, Kuscheln, Rückzug
- **Schlafen**

Für ältere Kinder:
- **»Wohnen«:** Ankommen nach der Schule, sich treffen und gesellig sein, ausruhen und entspannen
- **Benutzung von Medien:** z.B. Computer
- **Hausaufgaben**

Die genannten Tätigkeiten sind Beispiele und müssen jeweils individuell ergänzt werden um solche Angebote, die sich aus der genauen Kenntnis spezieller Bedürfnisse und Fähigkeiten der Kinder ergeben, besonders auch in altersgemischten oder Integrationsgruppen.

Lassen sich all diese – nach Altersgruppen zu gewichtenden – Tätigkeiten in einem einzigen Raum unterbringen? Kaum! Deswegen unterstützen wir die Konzepte vieler Kindertagesstätten, Gruppen zu öffnen und zwischen ihnen zu kooperieren, egal, ob gruppenübergreifend oder ganz offen. Wir sind mit vielen Pädagogen der Überzeugung, dass sich die Fülle der benötigten Tätigkeiten nur in einem Verbundsystem von jeweils zwei oder drei Gruppen in zwei bis drei Räumen, einem Mehrzweckraum und – in einigen Häusern – bei zusätzlicher Nutzung von Nebenräumen unterbringen lässt.

Neben der Größe, der Lage und dem Grundriss des Raumes, bzw. der gemeinsam zu nutzenden Räume spielen für die Anzahl von Tätigkeitsbereichen folgende Elemente eine wesentliche Rolle:
- die Altersgruppe und der Entwicklungsstand der Kinder, ihre individuellen Bedürfnisse und Fähigkeiten;
- die Gruppengröße;
- die Gruppenstruktur: altershomogene Gruppen, kleine oder größere Altersmischung, Integrationsgruppen;
- die Gruppenorganisation: Zusammenarbeit von zwei Gruppen, Kleingruppenbildung;
- der Tagesablauf mit seinem Raumbedarf für Spielen, Essen, Schlafen, Treffen von Gesamt- oder Kleingruppen;

- die vereinbarten Erziehungsziele des Hauses und – je nach Alter der Kinder – die der Arbeitseinheit oder Abteilung und
- das Zusammenspiel der Tätigkeitsbereiche, die sich gegenseitig ergänzen und aufeinander beziehen müssen.

Wenn eine größere Kindergruppe zwei oder drei Räume bewohnt, ist es leichter, sie so zu gestalten, dass alle benötigten Angebote vorhanden sind und gruppenübergreifend genutzt werden können. Es lohnt sich daher, genau zu prüfen und dann zu entscheiden, in welchem Raum z.B. der Kaufmannsladen oder der Baubereich am besten untergebracht ist. Dadurch können die Räume von Doppelfunktionen entlastet werden. In Kitas mit modernem Raumprogramm ist das leicht zu realisieren. Hier können sogar bestimmte Räume für Bewegung, als Atelier und für die Mahlzeiten eingerichtet werden. Wo aber, wie in einigen älteren Kitas, Zusammenarbeit zwischen Gruppen zwar erwünscht, durch ungünstig angeordnete Räume aber erschwert wird, ist die Fantasie von Erzieherinnen und Leitung gefragt, um über unkonventionelle Wege zu einer solchen Kooperation zu gelangen. Wie sich schon oft gezeigt hat, sind ein verbindendes Konzept und gute Teamarbeit durchaus in der Lage, zwar nicht alle, aber doch einige räumliche Unzulänglichkeiten auszugleichen.

(Gruppengrößen sind nicht festgeschrieben, sondern können variabel sein. Sie ergeben sich aus dem Alter, dem individuellen Bedarf und den Betreuungszeiten der Kinder, den räumlichen Verhältnissen und dem pädagogischen Konzept. Als Arbeitseinheit bezeichnen wir zwei bis drei Gruppen, die entweder gruppenübergreifend oder als Gesamtgruppe konzeptionell und räumlich zusammenarbeiten. Das können sowohl altershomogen wie auch altersgemischt zusammengesetzte Gruppen sein. Abteilung ist eine eher traditionelle Bezeichnung, die eine größere Kita lediglich in Kleinkind-, Elementarbereich und Hort untergliedert. Über die Organisations- und Arbeitsformen wird damit nichts ausgesagt. Eine Abteilung, räumlich meist in einem Gebäudeteil oder auf einer Etage untergebracht, kann also z.B. einzelne Gruppen wie auch mehrere Arbeitseinheiten umfassen.)

Die Überlegungen zur Zusammenarbeit von Gruppen in mehreren Räumen werden an Beispielen konkretisiert. Dabei kann jeweils nur eine Art Grundschema skizziert werden, weil die Räume und ihre Eingebundenheit in das übrige Raumensemble der Kitas unterschiedlich sind.

Vielfältige Tätigkeitsbereiche im Kleinkind- und Elemetarbereich

Diese beiden Altersbereiche weisen – im Unterschied zum Hort – viele Gemeinsamkeiten auf. In der Akzentuierung einiger Tätigkeitsbereiche und daher auch in der Raumnutzung unterscheiden sie sich jedoch. Weil Kinder bis zum Alter von etwa vier Jahren Kontakte zu anderen Kindern und zur Umwelt vorrangig durch Bewegung aufnehmen, sind für sie Freiflächen und andere Bewegungsanreize innerhalb der Räume besonders wichtig. Ausschlaggebend ist, wie Raumnutzung und -gestaltung mit den Kindern »mitwachsen«, um ihrem Drang nach Selbstständigkeit und ihren neu erworbenen Fähigkeiten zu folgen.

Sind Kleinkinder noch sehr darauf angewiesen, Grunderfahrungen zu machen, haben Kinder im Elementarbereich, speziell im Vorschulalter, schon eine ganze Reihe von zusätzlichen sozialen und praktischen Fähigkeiten erworben, die es ihnen erlauben, zunehmend selbstständiger tätig zu sein und Entscheidungen zu treffen. Deshalb soll hier noch einmal die Leitfrage für die Raumnutzung und -gestaltung aufgegriffen werden: Unterstützen oder behindern Räume und Tätigkeitsbereiche das Entwicklungspotenzial und die Selbstständigkeit der Kinder?

Gruppengrößen können je nach ihren Rahmenbedingungen variabel sein. Bei den Überlegungen zu den Tätigkeitsbereichen ist aber immer die kleinere oder größere Gruppe der Bezugspunkt. Denn unabhängig von ihrer Größe und Zusammensetzung sind Gruppen bei aller erwünschten Offenheit klar abgrenzbare soziale Verbände, denen sich Kinder und Erzieherinnen zugehörig fühlen.

Wenn Gruppen zwei bis drei Räume zur Verfügung stehen, ist es am günstigsten, ruhigere und lautere Bereiche einzurichten, einen ruhigen Raum für konzentrierte Tätigkeiten und für Rückzugsmöglichkeiten zu nutzen, während sich andere Räume dann für lebhaftere Aktivitäten anbieten.

So lassen sich in einem ruhigen Raum verschiedene Tätigkeiten gut kombinieren:

Die Bücherecke regt zum »Lesen«, Betrachten und Blättern in Büchern an. Eine altersgemäße Auswahl und eine übersichtliche Präsentation der Bücher wecken die Neugier der Kinder. Sind nur Buchrücken zu sehen, verleiten sie seltener zum Griff nach einem Buch, als wenn die

Dieser zweijährige Junge »liest« intensiv und vernehmlich.

Kinder die Schauseite betrachten und wieder erkennen.

Selbst wenn das Haus über einen eigenen Atelierraum verfügt, der auch von den jüngeren Kindern benutzt wird, ist es doch erforderlich, dass jede Arbeitseinheit ihren eigenen Kreativ- und Experimentierbereich für den täglichen Gebrauch hat. Hier können die Kinder jederzeit problemlos experimentieren, Materialerfahrungen machen und arbeiten.

Besonders an diesem Bereich ist das »Mitwachsen« mit den Fähigkeiten der Kinder klar erkennbar. Mit dem Alter der Kinder nimmt die Vielfalt der Materialien zu, die für kleine und größere Kinder frei zugänglich untergebracht sein sollten, denn sichtbares, übersichtlich ange-

ordnetes Material und Werkzeug regen die Kinder zu eigenen Aktivitäten an, die sie jederzeit aufnehmen können. Auch kleinere Gruppen von Kindern werden sich hier, wenn sie die Techniken und den Umgang mit dem Material erforscht und erlernt haben, selbstständig und kooperativ betätigen.

Wie können Erzieherinnen erreichen, dass die Kinder das vorhandene Angebot wirklich sinnvoll nutzen? Das Material muss mit Bedacht ausgewählt und sortiert und in Sichthöhe der Kinder platziert sein, damit es für sie selbstverständlich wird, sich zu vorher (z.B. im Morgenkreis) vereinbarten Themen oder Techniken das herauszusuchen, was sie brauchen. Natürlich hilft es den Kindern, wenn sie immer mal wieder zum Gebrauch des Materials angeregt werden. Manchmal hilft es auch, schon etwas zurechtzulegen, damit die Kinder eine erste Hürde überwinden.

Bestimmt eignet sich dieser Bereich auch zum Experimentieren, besonders dann, wenn z.B. Lupen, kleine Spiegel, Mess- und Gießgeräte vorhanden sind. Diese Anordnung soll aber nicht ausschließen, dass Experimente größeren Umfanges, etwa mit viel Wasser oder Sand, auch in anderen Räumen oder Bereichen stattfinden, je nach Beschaffenheit des Materials und der Räume.

Für Zuordnungs- und Regelspiele brauchen die Kinder keinen speziellen Bereich; sie können die Spiele an den vorhandenen Tischen ausbreiten. Wichtig ist allerdings, dass die Spiele einen festen Platz haben, immer vollständig sind und nicht übereinander gestapelt, sondern übersichtlich in Regalen aufbewahrt werden. Es fördert die Auffassungsfähigkeit der Kinder, wenn die Erzieherinnen eine dem Alter und Interesse der Kinder entsprechende Anzahl von Spielen

Kinder haben in Bezug auf Rückzug, Ruhe, Entspannung und Schlafen sehr unterschiedliche Bedürfnisse und Gewohnheiten. Es ist sinnvoll und notwendig, dass Kinder, wenn sie dem Kleinkindalter entwachsen sind, selbst entscheiden, ob sie mittags schlafen können oder wollen. Deshalb ist es angebracht, diesen Bereich höchst differenziert für die individuelle Nutzung einzurichten und zu gestalten. Ideal wäre es, wenn die Übergänge vom Rückzug und Entspannen über Ausruhen bis hin zum Schlafen fließend sind, damit alle Kinder sich zu (fast) jeder Tageszeit das aussuchen können, was sie gerade brauchen.

Im Kleinkindbereich ist das Bedürfnis nach einem Nickerchen zwischendurch und einem regelmäßigen Wach-Schlaf-Rhythmus noch ausgeprägt. Darum kommen weich eingerichtete Rückzugsbereiche und feste Schlafplätze dem Bedarf der Kinder am besten entgegen.

Kuschel- und Rückzugsbereiche erlauben das ungestörte Alleinsein, fördern aber auch die Kommunikation und das Wohlbefinden und eignen sich besonders gut als »Interkulturelle Ecken« mit landestypischen Sofas, Kissen, Wandbehängen oder Teppichen verschiedener Kulturbereiche. Praktisch wäre ein nahe gelegener, zusätzlicher kleiner Raum zum Ruhen und Schlafen. Dort finden die Kinder eine entspannende Atmosphäre und ungestörten Schlaf. Möglicherweise könnte der Raum, je nach Lage und Helligkeit, zu anderen Tageszeiten für Rückzug oder ruhige Beschäftigungen mitgenutzt werden. Doch einen solchen separaten Raum gibt es nicht überall. Deswegen passen die Schlafbereiche mit ihren Matratzen und Hängematten sicher auch gut in den ruhigen Raum, in dem sich die Kinder geborgen fühlen und gern schlafen.

auswählen – fünf dürften ausreichen. Die Kinder können dann erst einmal diese Spiele ausprobieren und erlernen, bevor die Spiele ausgetauscht werden und die Kinder dadurch neue Anregungen und Anforderungen erhalten.

Musik zu hören ist beliebt, weil deutsche Kinder und Kinder nichtdeutscher Herkunft sich bei heimatlichen Klängen entspannen, sie aber auch anderen Kindern als ein Stück ihrer eigenen Kultur vorspielen können. Kleinkinder werden Musik sicher gemeinsam mit ihrer Erzieherin in einer anheimelnden Ecke anhören, z.B. vor dem Mittagsschlaf. Sobald Kindergartenkinder aber die Technik beherrschen, können sie auch allein oder zusammen mit anderen Kindern ihre Musik hören und mit Bewegung verbinden.

Für den ungestörten Musikgenuss ist natürlich am besten ein separater kleiner Raum oder eine abgeteilte Ecke geeignet. Wo das nicht möglich ist, kann beispielsweise im Rückzugsbereich ein fester Platz für die Musikgeräte reserviert sein.

Im Elementarbereich wird kein Raum mehr ausschließlich zum Schlafen gebraucht. Stattdessen reichen die Rückzugsecken völlig aus, wenn sie z.B. mit Sofas oder großen Matratzen auf oder unter Podesten ausgestattet sind. Die Erfahrungen in den Kindertagesstätten zeigen, dass müde Kindergartenkinder sich gern mal zum Ausruhen oder Schlafen hinlegen, wenn sie darüber frei entscheiden können. Sie brauchen auf alle Fälle die Möglichkeit, sich aus dem manchmal turbulenten Gruppengeschehen zeitweise zurückzuziehen.

Der »lebhafte« Raum könnte mit folgenden Tätigkeitsbereichen eingerichtet werden:

Dieser Raum braucht ausreichend Platz und die entsprechenden Geräte für die **Bewegung der Kleinkinder** zum Krabbeln, Kriechen, Laufen, Transportieren von Gegenständen, Klettern, Rutschen, Verstecken, Bewegung auf kleinen Treppen, Podesten...

Für Kindergartenkinder reicht ein Gruppenraum nicht mehr aus, um ihre Bewegungsabläufe sowohl entfalten als auch koordinieren zu können. Psychomotorische und sportliche Spiele finden besser in einem Mehrzweck- oder Sportraum innerhalb der Kindertagesstätte oder in einem benachbarten Gebäude (Turnhalle o.ä.) statt.

Puppen-, Küchen- und Verkleidungsecken lassen sich für **Rollenspiele** sowohl kombinieren als auch einzeln gestalten, je nach den Vorlieben der Kinder und den räumlichen Möglichkeiten. Der Rollenspielbereich ist wie geschaffen für ein multikulturelles Ambiente, z.B. mit Geschirr aus der Türkei, koreanischen Puppen, japanischen Kimonos, afrikanischem Schmuck, Alltagsgegenständen aus Deutschland. Durch die Ausstattung dieses Bereichs kann außerdem Einfluss auf ein offeneres Rollenverhalten der Kinder genommen und demonstriert werden, dass nicht nur Tüllschleier und lange Abendkleider als »typisch weibliche« Utensilien zum Verkleiden geeignet sind, sondern ebenso »männliches« Zubehör wie Bauarbeiterhelme, Arbeitshandschuhe, Astronauten- und Ritterausrüstungen u.a., sicher aber auch neutrale Verkleidungen, wie Tierkostüme. In diesem Umfeld

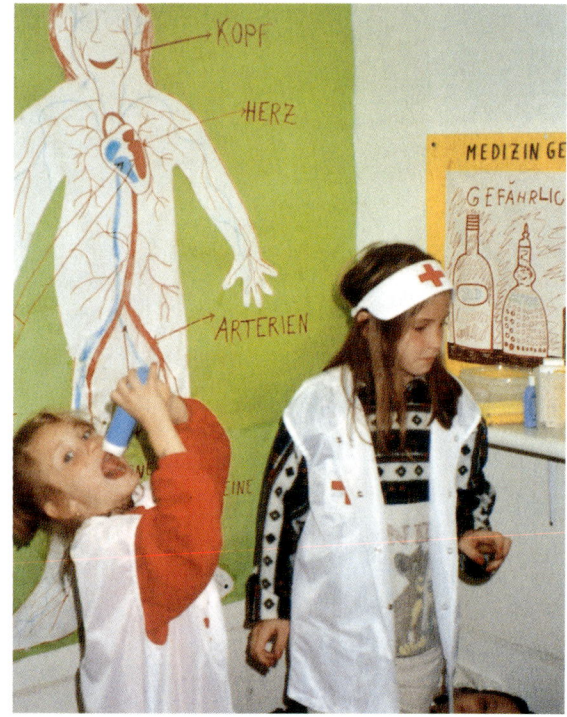

können Mädchen und Jungen ausprobieren, in welche Rollen sie zeitweise schlüpfen möchten.

Ein Kaufmannsladen lädt nicht nur zum Rollenspiel ein, sondern fördert auch, sofern eine Waage und eine Kasse vorhanden sind, das mathematisch-logische Denken: Wiegen, Vergleichen, Zahlenbegriffe... Büro oder Post faszinieren Kinder im Vorschulalter, weil sie in der Phase vor dem Lesen- und Schreibenlernen begierig Zeichen (Schrift) entschlüsseln und selber schreiben, die Entstehung von Texten (Briefe) und deren Wege (Post) ausprobieren und verstehen wollen. Also nicht das Einüben von Lese- und Schreibtechniken ist gemeint, sondern die Lust der Kinder am Begreifen von Kommunikationstechniken und Vorgängen in ihrer Umwelt.

Je jünger die Kinder, umso größer sind die Bauelemente. **Bauen** mit großen Teilen ist eine Tätigkeit, die manchmal beträchtlichen Lärm erzeugen kann. Doch das ist in der Kombination mit Bewegungs- und Rollenspielen sicher kein Problem.

Kindergartenkinder hingegen lieben beides, raumgreifende, verzweigte Autobahnen zu bauen, aber auch – ihren feinmotorischen Fähigkeiten entsprechend – mit kleinen Teilen zu konstruieren. Sie brauchen neben ausreichendem Platz auf dem Boden, auf oder unter dem Podest auch Tischfläche, auf der ihre Produkte unangetastet bleiben und weitergebaut werden können.

Erzieherinnen sollten genau beobachten, womit die Kinder im Baubereich gern und häufig spielen, und überlegen, was die Kinder in ihrer jetzigen Entwicklungsphase darüber hinaus brauchen, um eine begründete Auswahl treffen zu können. Obwohl bei Kindern Kombinationen von Bauteilen und Figuren aus unterschiedlichen Systemen beliebt sind und diese Vorliebe unterstützenswert ist, ist es doch zweckmäßig, auf eine gewisse Überschaubarkeit zu achten. Erzieherinnen machen häufig die Beobachtung, dass eine Überfülle zu Reizüberflutung und destruktivem Verhalten führen kann. Der zeitweilige Austausch von Baumaterial dagegen weckt das Interesse der Kinder meist wieder.

Baubereiche müssen geschützt sein, damit die Bauwerke der Kinder nicht versehentlich zerstört werden. Am besten funktioniert das durch die Nutzung von vorhandenen Raumelementen (z.B. breite Fensterbretter) oder durch die Installation von neuen Elementen (wie ein flaches Podest, ein klappbares Türblatt, transportable Platten für Kleinteile) oder wenigstens durch deutliche optische Markierungen auf dem Teppich oder dem Boden, je nach Raum und Möglichkeit. Dann können die Kinder ungestört bauen und ihre Konstruktionen eine Zeit lang stehen lassen, ohne dadurch die Reinigungskraft zu überfordern.

Morgenkreis

Kinder sind begeisterte Sammler und Forscher und bringen von ihren Ausflügen oft Naturmaterial wie Stöcke, Steine, Blätter oder Rinde mit, die sie keinesfalls loslassen wollen, sondern mit denen sie gern weiter spielen und experimentieren möchten. Ihnen dafür eine **Naturecke** entweder in der Nähe des Experimentier- oder Baubereiches oder in einem Vorraum einzuräumen, unterstützt einerseits ihre Interessen und trägt andererseits dazu bei, dass nicht der ganze Gruppenraum vereinnahmt wird.

Darüber hinaus gibt es Tätigkeiten der Kinder, die nicht vorrangig an den ruhigen oder lebhaften Raum gebunden sind, weil z.B. der Morgenkreis oder das Essen nicht gleichzeitig mit anderen Aktivitäten stattfinden. Diese Bereiche können also ausschließlich nach pragmatischen Erwägungen eingerichtet werden, brauchen aber für einen überschaubaren Tagesablauf und zur Orientierung der Kinder trotzdem einen festen Platz im Raumgefüge.

Ob die Kinder gemeinsam oder in Untergruppen, an wenigen großen oder an mehreren kleinen Tischen ihre **Mahlzeiten** einnehmen, hängt vom Sozialgefüge der Gruppe, aber auch von der Art der Räume ab. Für die Gesamtgruppe

bietet sich der Raum an, in dem für Tischspiele u.ä. ohnehin die meisten Tische stehen. Beim Essen in Untergruppen werden die vorhandenen Räume einbezogen.

Es ist sinnvoll, die zunehmende Selbstständigkeit der Kinder regelmäßig unter die Lupe zu nehmen: Sind genügend Schüsseln auf dem Tisch, damit sich die Kinder das Essen eigenständig nehmen können? Gibt es geeignete Messer, die es den Kindern erlauben, selbst zu

schneiden und zu streichen? Sie brauchen das Angebot, so viel wie möglich allein ausprobieren und tun zu können.

Kleinkinder lieben **Wasserspiele** und brauchen Erfahrungen mit dem Element Wasser. Deswegen stellen wir uns den Waschraum, ob klein oder groß, nicht als nüchterne Nasszelle, sondern als einen ansprechenden und anregenden Spiel- und Erfahrungsraum vor, in dem die notwendigen Tätigkeiten wie Waschen und Zäh-

Eine Wickelnische, die dem Gruppenraum angegliedert ist.

neputzen ebenso ihren Platz haben wie lustvolles Plantschen, Spiele mit Körperfarben und Matschen. Spiegel in Kinderhöhe laden zu eigenen Entdeckungen ein.

Für Kindergartenkinder ändern sich die Anforderungen an den Waschraum nicht, nur müssen die Spiegel höher angebracht werden.

Erzieherinnen möchten die Kleinkinder möglichst im oder nahe am Gruppenraum **wickeln**, damit sie das Gruppengeschehen nicht aus dem Auge verlieren. Häufig kann diese persönliche Zuwendungsphase in einem benachbarten und leicht zugänglichen Waschraum in aller Ruhe vorgenommen werden, ohne den Blickkontakt zur Gruppe zu unterbrechen. Weil hier alles griffbereit verstaut ist, finden das viele Erzieherinnen am bequemsten.

Ist das Wickeln nur im Gruppenraum möglich, kann auch dafür eine ruhige und angenehme Nische eingerichtet werden. Allerdings müsste der Windeleimer danach im Neben- oder Waschraum verschwinden, auch wenn das etwas umständlich ist.

Geeignete Tätigkeitsbereiche für altersgemischte und Integrationsgruppen

Auch die Raumausstattung und -gestaltung für die Arbeit mit altersgemischten Gruppen und Integrationsgruppen mit behinderten und nichtbehinderten Kindern lassen sich nur auf der Basis der entsprechenden pädagogischen Konzepte erörtern.

Altersmischung als eine spezielle Arbeitsform wird von einer Reihe von Pädagogen gegenüber der altershomogenen Gruppenzusammensetzung vorgezogen, weil sich ihrer Meinung nach Kinder unterschiedlicher Jahrgänge gegenseitig besser unterstützen und voneinander lernen können; weil die Entwicklung und Fähigkeiten der Kinder stärker im Zentrum der Betrachtung stehen als ihr reales Alter. Wir sind allerdings der Überzeugung, dass diese Sichtweise auf das Kind als Individuum auch für altershomogen zusammengesetzte Gruppen notwendig ist.

Die integrative Arbeit mit behinderten und nichtbehinderten Kindern wurde entwickelt, um behinderten Kindern die gleichberechtigte Teilnahme am Zusammenleben in der Gruppe zu ermöglichen. **Integrationsgruppen** sind in der Regel altersgemischt zusammengesetzt. Sicher bedarf es bei einzelnen Kindern besonderer Aufmerksamkeit, um Integration im vollen Umfang zu erreichen. Deswegen müssen vor allem die Räume immer wieder auf ihre Funktionalität für alle, also auch für die behinderten Kinder, überprüft werden.

Wie sollten altersgemischte und Integrationsgruppen zusammengesetzt sein?

Der Aufbau einer altersgemischten Gruppe erfordert, dass alle Jahrgänge innerhalb der gesamten Altersspanne vorhanden sind. Bei Kindern unter zweieinhalb Jahren ist es günstiger, wenn die Abstände zwischen den Alters-, bzw. Entwicklungsstufen jeweils nicht mehr als ein halbes Jahr betragen.

Kinder aller Entwicklungsstufen brauchen in ihrer Gruppe neben jüngeren und älteren immer auch zwei bis drei Spielpartner der gleichen Entwicklungsstufe. Damit kein Kind innerhalb der Gruppe isoliert ist, müsste bei der Gruppenzusammensetzung ebenfalls auf geeignete Sprachpartner geachtet werden, aber auch darauf, dass Mädchen und Jungen gleichgeschlechtliche Spielpartner haben.

Es ist ein schwieriger Balanceakt, den Idealzustand einer altersgemischten Gruppe zu erreichen. Wahrscheinlich ist es nur möglich, sich diesem Ziel anzunähern.

Welche Anforderungen stellt die Altersmischung an die Organisation der pädagogischen Arbeit?

Für das Wohlbefinden und die Förderung der Kinder muss beides möglich sein:

- Arbeit mit altersgemischten Kleingruppen und der Großgruppe (z.B. Freispiel, Morgenkreis)
- Arbeit mit altershomogenen Kleingruppen (z.B. organisierte Tätigkeiten)

Das erfordert Gruppenbinnendifferenzierung: geplante wechselnde Groß- und Kleingruppenarbeit mit sowohl altersgemischten als auch altershomogenen Untergruppen.

Unverzichtbar ist die Kooperation zwischen zwei benachbarten altersgemischten Gruppen – entweder als gruppenübergreifende oder als offene Arbeit –, damit regelmäßig auch altershomogene Untergruppen gebildet werden können. So wird die Anzahl der entwicklungsgleichen Kinder erhöht und damit eine größere Interaktionsvielfalt erzielt (etwa für altersspezifische organisierte Tätigkeiten, insbesondere für Ausflüge).

Die Altersmischung setzt bestimmte räumliche Bedingungen voraus:

Neben den beiden Gruppenräumen wird mindestens ein dritter Raum benötigt, der z.B. als Ruhe- oder Essraum genutzt werden kann.

Die Zusammenarbeit zwischen den Gruppen lässt sich nur durch Nähe und kurze Wege realisieren. Sie setzt Räume voraus, die nahe beieinander, möglichst nebeneinander liegen und für Kinder und Erzieherinnen gut erreichbar sind. Sie sollten ein unkompliziertes Zusammenspiel zwischen Gruppen und die Nutzung der unterschiedlichen Tätigkeitsbereiche in den aufeinander bezogenen Räumen fördern.

Wenn körperbehinderte Kinder zur Integrationsgruppe gehören, wird bei Bedarf ausreichend Platz für Rollstuhlfahrer oder Polster zum Liegen gebraucht.

Anforderungen altersgemischter Gruppen an die Räume sind abhängig vom **Umfang der Altersmischung**.

Mit der kleinen Altersmischung meinen wir einen Umfang von etwa drei Jahrgängen innerhalb des Kleinkind- oder Elementarbereiches.

Von großer Altersmischung sprechen wir bei einem Umfang der Altersmischung von fünf bis sechs Jahrgängen, übergreifend zwischen Kleinkind- und Elementarbereich.

Die maximale Altersmischung ist für uns die übergreifende zwischen Kleinkind-, Elementarbereich und Hort, die neun bis zehn Jahrgänge umfassen kann. Diese Form der altersgemischten Arbeit stellt extrem hohe Anforderungen an Kinder und Erzieherinnen, an das pädagogische Konzept und nicht zuletzt an die Räume. Obwohl diese Arbeitsform praktiziert wird, halten wir es doch für äußerst schwierig, den Anforderungen gerecht zu werden, und gehen deshalb nicht näher darauf ein.

In der kleinen Altersmischung wird ebenso wie in altershomogenen Gruppen sehr genau zu beobachten sein, wie jedes einzelne Kind auch durch die Raumausstattung und -gestaltung gefördert werden kann.

Weitaus höhere Anforderungen an die Räume stellt zweifelsohne die große Altersmischung, in der wahrscheinlich das älteste Kind von fünf bis sechs Jahren das jüngste Eineinhalbjährige sprachlich nicht einmal verstehen kann. Um aber altersgemäße Autonomie und Beziehungen, also Individualität und Gemeinsamkeit, zu erreichen, müssen auf der Basis eines passenden Konzeptes die Räume so eingerichtet sein, dass sie als »zusätzliche Erzieherinnen« diesen Prozess unterstützen und möglich machen.

Gemeinsamkeit und Differenzierung sind die Schlüsselbegriffe für die Altersmischung im Kleinkind- und Elementarbereich. Alle dort benötigten Tätigkeitsbereiche finden sich in diesen gemischt genutzten Räumen wieder. Darüber hinaus benötigen die Räume, in denen die große Altersmischung praktiziert wird, eine

Die Fotos zeigen eine improvisierte »Raumin-sel« für ein einzelnes Kind: Rückzugs- und Beobachtungsort zugleich. Dazu erläutert Beate Bodenstein:

»S. ist das jüngste und zarteste Kind in unserer altersgemischten Gruppe. Sie kann das Gesche-hen in der Gruppe manchmal noch nicht verste-hen und einordnen. Deswegen haben wir dieses trockene Planschbecken für sie besorgt und mit den Kindern vereinbart, dass S. hinein steigen und sich darin ausruhen kann, wann immer sie möchte. Sie hat das Recht, in ihrem kleinen Raum ungestört zu sein. Das haben die anderen Kinder, obwohl sie auch noch ziemlich jung sind, verstanden und respektieren es. S. kann von ihrem Nest aus alles beobachten und kommt allein wieder heraus, wenn sie sich an einem Spiel beteiligen möchte.«

zusätzliche Differenzierung zwischen der Nutzung durch jüngere und ältere Kinder. Die Räume sollten also klar gegliedert sein in gemeinsam zu nutzende Bereiche für alle Kinder und in wenige kleinere Bereiche für die unterschiedlichen Altersgruppen.

Kleinkinder, die natürlich bereits über soziale und kognitive Kompetenz verfügen, sie aber in dieser Lebensphase intensiv weiterentwickeln, brauchen einen geschützten Bereich, in dem sie unter ihresgleichen sind und nicht von den älteren Kindern gestört werden.

Kindergartenkinder, die kompliziertere und konzentriertere Tätigkeiten entwickeln, aber auch gern mal angefangene Arbeiten stehen lassen, brauchen ebenfalls einen geschützten Raumbereich, in dem die kleinen Kinder ihnen nicht aus Unverständnis etwas zerstören.

Hier wird selbstverständlich keine grundsätzliche Trennung von Jahrgängen innerhalb der Altersmischung befürwortet, denn dann könnten ja gleich altershomogene Gruppen gebildet werden. Gemeint ist vielmehr neben aller Gemeinsamkeit zwischen Kindern unterschiedlicher Altersgruppen eine zusätzliche räumliche Differenzierung nach Entwicklungsphasen, damit alle Kinder sich individuell ungehindert entwickeln und sich vor allem entspannt und wohl fühlen.

Wie kann eine solche räumliche Differenzierung aussehen?

Ein deutlich markierter **Babybereich** trägt dazu bei, dass Kleinkinder sich mit altersspezifischen Objekten, Spielsachen und gleichaltrigen Spielpartnern in einigen Phasen des Tagesablaufs hier ruhig und ungestört betätigen können, ohne überfordert und desorientiert zu werden.

Ein Bereich für die **Vier- bis Sechsjährigen** sollte ebenso deutlich ausgewiesen sein. Dafür ist eventuell der Experimentier- oder Baubereich wie geschaffen, in dem ohnehin kleinteiliges Material liegt, das für die Jüngsten der Gruppe noch nicht geeignet ist, wie winzige Bauteile und funktionierende Scheren.

Wenn zwei Gruppen kooperieren und zwei bis drei Räume gemeinsam nutzen, ist es auch vorstellbar, die Babyecke für alle Kleinkinder dieser Arbeitseinheit im ruhigen Raum und den Bereich für die Vier- bis Sechsjährigen im lebhaften Raum unterzubringen. Damit wären zwei geschützte Raumzonen vorhanden, die aber nicht komplett getrennt sind, weil z.B. in der Freispielphase gleichzeitig Kinder verschiedener Altersstufen auf der Suche nach Tätigkeiten und Spielpartnern herumlaufen. Haben sowohl die Kleinsten als auch die Ältesten einer altersgemischten Gruppe ihre eigenen Bereiche, in die sie sich zeitweise zurückziehen und von wo aus sie das übrige Gruppengeschehen verfolgen können, entwickelt sich beiderseitiges Verständnis und Akzeptanz. Die Dreijährigen werden sich je nach Entwicklungsphase und Interesse mal den einen, mal den anderen Bereich aussuchen, was ja hervorragend mit der Idee der altersgemischten Arbeit übereinstimmt.

Für die gemeinsam genutzten Raumbereiche lassen sich ebenfalls Lösungen finden, die jeder Altersgruppe gerecht werden, aber trotzdem zwischen ihnen differenzieren. Wenn weiter oben ausgeführt wurde, dass die Materialien offen in Sichthöhe der Kinder untergebracht werden sollen, gilt das für die altersgemischte Gruppe genau so. Jedes Kind findet, was es

braucht. Das hat daneben den Vorteil, dass kleinere Kinder (noch) nicht an die für die Größeren vorgesehenen Dinge heranreichen können, die in den oberen Etagen des Regals liegen. Damit werden unübersichtliches Durcheinander und unnötige Reglementierungen vermieden.

Bewegung bedeutet Raumerfahrung, Begreifen von Gegenständen, Körpererfahrung, Ausprobieren von Nähe, Distanz und Kontaktaufnahme zu anderen Kindern. Bewegung ist notwendig für die eigengesteuerte Erweiterung der Kompetenz. Deshalb müssen Raumobjekte vorhanden sein, die Bewegung ermöglichen und die Entwicklung stimulieren. Weil für die älteren Kinder Bewegung auch in Mehrzweck- oder Sporträumen möglich ist, ist es sinnvoll, das Hauptaugenmerk in altersgemischten und Integrationsgruppen auf die Kleinkinder und auf die behinderten Kinder zu richten. Für sie ist es besonders wichtig, sich bewegen und Neues ausprobieren zu können.

Wenn die Geräte auch von den älteren Kindern genutzt werden, ist das völlig in Ordnung, solange sie die Kleineren nicht behindern.

Folgende Geräte, die je nach Raumbeschaffenheit ausgewählt werden können, eignen sich gut:

Kleine Podeste, Treppen oder Kästen in unterschiedlichen Höhen, an denen die Kinder sich hochziehen, klettern und von denen sie herunterspringen können (sicheres Springen lernen sie nur beim Springen).

Dabei erleben sie die dritte Dimension und unterschiedliche Perspektiven – eine enorme Erweiterung der Wahrnehmung. Eine Erzieherin berichtete von einem gehbehinderten Kind, das es in mühseliger und langwieriger Anstrengung geschafft hat, auf ein Podest zu steigen. Ein starker Anreiz und ein großer Erfolg!

Rutschen oder andere schräge Ebenen schaffen weitere Anregungen, die Horizontale zu überwinden. Hängematten sind nicht nur zum Schlafen, sondern auch zum Schaukeln und zum Genießen der Bewegung geeignet.

Die Kinder brauchen aber auch freien Platz am Boden zum Krabbeln und Laufen. Falls ein Kind im Rollstuhl zur Gruppe gehört, muss der Raum so eingerichtet sein, dass das Kind sich so frei wie möglich mit seinem Rolli bewegen und die Dinge erreichen kann, die es braucht.

Waschräume mit Waschbecken, Toiletten und Spiegeln in unterschiedlichen Höhen sind eine Voraussetzung dafür, dass Kinder aller Körpergrößen ihr »Örtchen« finden, sich betrachten und ihre Utensilien erreichen können. Muss den Kleinen dauernd geholfen werden, ist das zwar sozial, trägt aber kaum zur Selbstständigkeit bei. Wird in einer älteren Kita auf altersgemischte Arbeit umgestellt, ist es manchmal schwierig,

Wasch- und Toilettenbecken auf die gewünschte Höhe zu versetzen. In solchen Fällen leisten tritt- und rutschfeste Stufen oder Podeste gute Dienste.

Gehören ein- bis zweijährige Kinder zur Gruppe, die noch einen anderen Schlaf-Wach-Rhythmus als die älteren Kinder haben, ist ein zusätzlicher kleiner Raum zum Ausruhen und **Schlafen** dringend notwendig. Dann können die Kleinen dort ungestört schlafen, während die größeren Kinder im Nebenraum spielen, ohne ständig Rücksicht nehmen zu müssen.

Gespräche mit den Eltern und genaue Beobachtungen geben Aufschluss darüber, welche Schlafgelegenheiten die Kinder bevorzugen.

47

Das lässt sich natürlich nur herausfinden, wenn Alternativen vorhanden sind. Nicht alle kleinen Kinder schlafen gern auf Matratzen, auf denen es keinerlei Begrenzungen gibt. Wie Emmi Pickler herausgefunden hat, benötigen viele Kleinkinder einen deutlich begrenzten Raum, um sich geborgen und sicher zu fühlen. Für einige Kinder sind also durchaus die (zu Recht) nicht immer geschätzten Gitterbettchen geeignet, sofern die Kinder das Bett verlassen können, wann sie möchten. Das klappt am besten, wenn einige Stäbe entfernt werden und

vor die Öffnung ein Polster mit einem großen Kissen gelegt wird, damit sich die Kinder beim Aussteigen nicht verletzen. Auch in gepolsterte Körbchen kuscheln Kinder sich gern hinein. Außerdem haben die Körbe den Vorteil, dass die Kinder sie leicht verlassen können. Matratzen, die in Zelten liegen, erfüllen einen ähnlichen Zweck: Schutz und Geborgenheit, ein bisschen Intimität, aber keine Isolation. Manche Kinder lieben Hängematten, in denen sie auch gern zu zweit ausruhen oder schlafen.

Jedes Kind hat ein Foto seiner Familie am Schlafplatz.

Für das Sicherheitsgefühl und die Orientierung der Kinder ist es von großer Bedeutung, dass sie wissen, wo ihr ständiger Schlafplatz ist, wo sie hingehören, wie das Ritual des Schlafengehens abläuft. Übergangsobjekte von zu Hause, die sie in den Arm nehmen, und Familienfotos (an der nahen Wand befestigt), die sie gern betrachten, verhelfen ihnen zu einem angstfreien und zufriedenen Schlaf.

Einige behinderte Kinder, die sich öfter hinlegen und ausruhen müssen, brauchen zwar eine ruhige, aber keine isolierte Ecke, so dass sie am Gruppengeschehen teilnehmen und jederzeit Kontakte zu anderen Kindern aufnehmen können.

Zusammenfassend ist festzuhalten: Die Arbeit mit altersgemischten Gruppen muss nicht nur durch das pädagogische Konzept ausgewiesen werden, sondern ebenso durch die Raumausstattung und -gestaltung. Die gemeinsame und die differenzierte Nutzung für Klein und Groß muss für Kinder und Erwachsene auf einen Blick erkennbar sein.

Anregende Tätigkeitsbereiche und -räume im Hort

Hortkinder sind Schulkinder und dem Kindergarten entwachsen. Das betonen sie gern voller Stolz. Sie halten sich nicht mehr viele Stunden des Tages, sondern meist nur noch nachmittags in der Kita auf. Sie pendeln nicht mehr ausschließlich zwischen Familie und Kita, sondern gehen auch ihre eigenen Wege. Diese Lebensphase ist durch eine rasch zunehmende Selbstständigkeit gekennzeichnet. Während sie von Erwachsenen allmählich unabhängiger werden, gewinnen Gleichaltrige an Bedeutung. Noch mehr als früher brauchen sie jetzt Gruppierungen von Kindern als Übungsfeld für ihre sozialen Fähigkeiten. Das Streiten, Aushandeln von Regeln und Kooperationsformen stehen in enger Wechselwirkung mit der Entwicklung ihrer Sprache, ihrer kognitiven Fähigkeiten und Wertvorstellungen.

Ihr Interessenspektrum ist riesig und ihre Neugier geht oft über die Familie, die Schule und den Hort hinaus.

Im Alter von sechs bis zwölf Jahren lernen die meisten Kinder schwimmen, tauchen, Rad fahren und andere Sportarten. Sie erobern Raum und brauchen Raum, um ihre Gefühle, Fantasien und Realitätsbezogenheit auszuprobieren und zu erfahren.

Es sind andere Arbeits- und Organisationsformen als im Elementarbereich erforderlich, damit sich die Erzieherinnen auf die Interessen und Fähigkeiten der Kinder einstellen können. Neben der Unterstützung, die viele Kinder noch brauchen, fördert es ihre Entwicklung, wenn ihnen ein Höchstmaß an Selbstständigkeit und Entscheidungsfreiheit eingeräumt wird. Offene Arbeit ist die geeignete Arbeitsform, um den vielfältigen, manchmal divergierenden Interessen der Kinder zu entsprechen. Offene Arbeit umfasst sowohl die Öffnung innerhalb des Hauses zur Überwindung von Gruppen- und Raumgrenzen als auch die Öffnung nach außen, um durch regen Austausch mit dem Gemeinwesen einer möglichen Isolation des Hortes entgegenzuwirken. Jede Öffnung erweitert die Interaktionsmöglichkeiten und die Wahl- und Entscheidungsfreiheit der Kinder.

Dem Konzept der Öffnung entsprechend müssen auch die Räume offen sein. Hortgruppen von 30 bis 40 Kindern haben meistens drei bis vier Räume. In älteren Kitas sind das manchmal recht beengte Räume, in denen jeder Quadratzentimeter für die Erfahrungsvielfalt genutzt werden muss. In den Häusern, die nach moderneren Raumstandards gebaut worden sind, sehen die Raumverhältnisse großzügiger aus: Zwei Gruppenräume und ein Mehrzweck- oder Sportraum stehen der Großgruppe zur Verfügung.

Eine vielfältige Gestaltung der Räume ist Voraussetzung für das binnendifferenzierte Arbeiten, für die Bildung von Kleingruppen, die sich an den verschiedenen Altersstufen, Interessen und Wünschen der Kinder orientiert. Denn der Hort, der – oberflächlich betrachtet – homogen erscheint, besteht in Wirklichkeit aus einer großen altersgemischten Gruppierung mit einem Umfang von fünf bis sechs Jahrgängen, die zwar einmal in der Woche bei der Kinderbesprechung zu einer Gesamtgruppe zusammengefasst werden, sich sonst aber in mehr oder weniger ausgeprägte Interessengruppen aufglie-

dern. Dafür gilt es, die geeigneten Tätigkeitsbereiche einzurichten. **Gemeinsamkeit und Differenzierung** ist, genau wie in jüngeren altersgemischten Gruppen, das Schlüsselwort.

Wegen der Unterschiedlichkeit der Raumzuordnung in den Horten sollen hier keine Vorschläge dazu gemacht werden, wo die Tätigkeitsbereiche am besten untergebracht werden; es soll lediglich benannt werden, welche Tätigkeiten zu berücksichtigen sind. Bei allen Zuordnungsvarianten gilt aber auch für den Hort, dass die Tätigkeitsbereiche einander ergänzen und ruhigere und lebhaftere Zonen oder Räume klar getrennt sein müssen.

Die **Leseecke** unterscheidet sich nicht wesentlich von der Bücherecke im Elementarbereich, außer dass viele Kinder nun tatsächlich anfangen zu lesen, um in die weite Welt der Bücher einzutauchen. Deshalb muss das Buchsortiment natürlich ihren Interessen entsprechen. Außerdem helfen ein paar bequeme Sitzgelegenheiten in diesem ruhigen Bereich den Kindern, sich auf ihre Lektüre zu konzentrieren. Manche Horte haben zusätzlich eine kleine Leihbücherei aufgebaut, so dass Kinder Bücher mit nach Hause nehmen können.

Auch Hortkinder mögen **Rollenspiele**. Jüngere verkleiden sich noch gern, während ältere Kinder lieber etwas »Echtes« machen wollen, z.B. ein Reisebüro mit Computer oder ein Detektivbüro zu betreiben, in dem sie ernsthaft arbeiten.

Hortkinder brauchen beides, einen **Kreativbereich zum Gestalten und Experimentieren** und einen **Werkraum** oder einen ausreichend großen Raumbereich zum **Konstruieren und Erfinden**. Ein zentraler Atelierraum oder eine

Werkstatt sind für die Betätigungen der Kinder hervorragend geeignet. Daneben oder alternativ brauchen die Kinder jedoch auch einen horteigenen Werk- und Kreativbereich, in dem sie jederzeit arbeiten können.

Weil Hortkinder lieber etwas »Richtiges« herstellen möchten, müssen sowohl das Material als auch das Werkzeug für diese Altersgruppen vielfältig und differenziert sein: neben Papier, Pappe und Farben auch Ton, Holz, Ytong-Steine, Metall und Kunststoff zum Modellieren, Nageln,

Sägen, Feilen und Schrauben. Umfangreiche Material- und Werkzeugerfahrungen machen zu können, erweitert die Sachkompetenz der Kinder, gleichzeitig auch ihre Sozialkompetenz, wenn sie mit anderen zusammenarbeiten. Hier soll keine scharfe Grenze zwischen den Fähigkeiten der Hortkinder und der Kinder im Vorschulbereich gezogen werden: auch 5- bis 6-jährige Kinder können schon mit Werkzeug umgehen und z.B. Zäune für ihre Spielzeugtiere bauen.

Bauen hat für die jüngeren Hortkinder, ähnlich wie für Kinder im Elementarbereich, noch einen großen Reiz. Für die älteren Jahrgänge ist es aber notwendig, den Baubereich mit technischen Geräten wie Motoren, komplizierteren Teilen und Figuren anzureichern, damit sie ihre Konstruktionsspiele verfeinern können.

Tischspiele haben im Hort eine noch größere Bedeutung als im Elementarbereich, wie deren intensive Nutzung zeigt. Zuordnungsspiele werden fast ganz von Regelspielen abgelöst und – weil die Größe der Hände jetzt für das Halten der Karten ausreicht – durch Kartenspiele ergänzt.

Musikhören ist auch bei Hortkindern eine beliebte Beschäftigung, die meistens in den Wunsch nach lauter, rhythmischer Musik und Discovergnügen übergeht. Deswegen wäre es ideal, einen Disco- und Feten-Raum, in dem auch Geburtstage gefeiert werden können, für die ausschließliche Nutzung der Hortkinder einzurichten. Den können sich die Kinder mit Sofas, Plakaten und Saft-Bar nach ihrem eigenen Geschmack bequem machen. Dafür eignen sich einige wenige (gut belüftete und sichere) Kellerräume hervorragend. Meist jedoch müssen Mehrzweckräume, sofern vorhanden, für die wöchentliche Party umgeräumt werden.

Ess- und Hausaufgabenraum werden in den Häusern, in denen es möglich ist, gern kombiniert. Tische und Stühle sind für beide Funktionen geeignet. Organisatorisch gibt es dann keine Probleme, wenn die älteren Kinder nach dem

Mittagessen ihre Hausaufgaben machen. Jüngere Kinder, die schon früher aus der Schule eintreffen, suchen sich einen Lieblingsplatz in der ruhigen Ecke eines anderen Raumes, um ihre Hausaufgaben dort schon vor dem Essen zu machen. Wegen der Doppelnutzung des Raumes ist es sinnvoll, die beiden Funktionen deutlich durch eine differenzierte Gestaltung auszuweisen:

Eine Hälfte des Raumes könnte mit einem Geschirrschrank, einer Anrichte oder mit ein paar Küchengeräten auf die Mahlzeiten hinweisen.

Für die Hausaufgaben sind Regale mit Lexika und Nachschlagewerken, Atlas oder Globus geeignet.

Die »**Kinderkonferenz**«, »Kinderbesprechung«, »Montags-, Mittwochs- oder Freitagsrunde«, der »Treffpunkt« – wie immer diese Termine auch heißen mögen, sie sind Formen der Kindermitbeteiligung, die für Kinder diesen Alters eine ganz besondere Bedeutung haben. Weil hier Probleme besprochen, Vereinbarungen getroffen, Informationen ausgetauscht und Pläne gemacht werden, sollte diese regelmäßig wiederkehrende Veranstaltung in einer störungsfreien Situation stattfinden, etwa in einem geschlossenen Raum oder in einem ruhigen Raumbereich.

Fernsehen, Videospiele und Computer gehören heute zur Welt der Kinder, die sie fesseln und die ihren Alltag prägen. Deswegen ist es wünschenswert, dass die Kinder auch im Hort die Gelegenheit haben, sich zusammen mit anderen Kindern und den Erzieherinnen kompetent und kritisch mit diesen Anforderungen und Verlockungen der modernen Gesellschaft auseinander zu setzen. Was machen Hortkinder z.B. konkret mit einem Computer, außer seine Technik kennen zu lernen und damit zu spielen?

Hortzeitungen sind so entstanden, deren Herstellung Denken, Diskussionen, Kooperation und Schreiben voraussetzt, freie Texte, Gedichte – für Kinder starke Ausdrucks- und Kommunikationsmöglichkeiten, besonders für die, denen Schule nicht immer Spaß macht!

Es ist bekannt, dass Computer noch nicht in allen Horten zur Verfügung stehen, weil sie teuer sind. Trotzdem haben viele Erzieherinnen und Kita-Leitungen schon einen Weg gefunden, Geräte anzuschaffen. Kann ein separater Raum dafür genutzt werden, ist das großartig für die Kinder. Doch wie ein Blick in einige Horte zeigt, lässt sich fast ebenso gut ein ruhiger Raumbereich abteilen und für diesen Zweck einrichten.

Bewegung bedeutet für Hortkinder Entspannung, Wettbewerb, Training und Körperkoordination, unverzichtbare Elemente ihrer Entwicklung. Nur einige Kitas gehören zu den Glücklichen, die über einen Gymnastikraum verfügen. Viele verlagern deswegen Bewegung und Sport auf die Außenflächen, falls sie dafür geeignet sind, oder nutzen Räume oder Hallen in der Nachbarschaft. Trotzdem brauchen die Kinder auch innerhalb des Hortes einen Sportbereich mit Tischtennis, Kicker oder einem Punching-Ball, der sogar auf kleinstem Raum seine Wirkung erzielt.

Im räumlich beengten Hort geht's die Kletterwand hinauf.

Die meisten Hortkinder möchten erst einmal abschalten, wenn sie aus der Schule kommen. Deshalb wollen sie sich ausruhen, brauchen **Rückzug und Entspannung**. Ihre Vorlieben sind individuell unterschiedlich. Einige brauchen dringend Bewegung, andere ziehen sich gern zu angefangenen Arbeiten in den Kreativbereich zurück, wieder andere haben ein großes Ruhebedürfnis. Für sie wäre ein echter Schlafplatz fast ehrenrührig, in eine behagliche Ecke aber ziehen sie sich gern mal zurück, nicht nur, um sich zeitweilig der direkten Aufsicht durch die Erzieherinnen zu entziehen, sondern vor allem, um nach den Anforderungen des Vormittages zu entspannen oder gar ein Nickerchen zu machen. Deswegen ist es notwendig, auch im Hort einen Raum oder einen ausreichend großen ruhigen Bereich wohnlich mit Sofas, Sesseln oder dicken Polstern einzurichten, eine Art **Wohnraum**, in dem die Kinder gesellig sein, miteinander reden, aber auch abschalten können. Dafür sind mehrere kleine Nischen und Ruhepunkte geeignet, die von den Kindern zwanglos und nebenbei genutzt werden.

Trotz solcher Angebote ist zu überlegen, ob für die Kinder eventuell ein eigener **Entspannungsraum** eingerichtet werden kann. Der Bedarf ist vorhanden, speziell für Kinder, die Schwierigkeiten haben, zur Ruhe zu kommen. Vielleicht gibt es dafür einen winzigen Raum oder einen abzudunkelnden Bereich im Vorraum?

Entspannungsräume – so oder so?

Die natürliche Version: ein ruhiger, etwas dämmeriger Raum mit einem weichen Wollteppich, bequemen Polstern, hellen Farben, zarter Musik, einem entspannenden Raumklima, etwa einer Duftkerze (wenn eine Erzieherin anwesend ist) und einer guten Geschichte?

Die technische Version: ein abgedunkelter Raum mit Polstern, schwarzem Licht, das Neon-Plastikschläuche und Farben zum Leuchten bringt, eine verspiegelte und sich drehende Lichtkugel, die wandernde Schatten an die Decke wirft, denen die Kinder zuschauen und träumen können, leise Musik, auch dazu eine passende Erzählung?

Wir stellen diese unterschiedlichen Entspannungsmöglichkeiten bewusst nebeneinander und überlassen die Entscheidung den Erzieherinnen, weil sie ihre Kinder am besten kennen.

Für die natürliche Version spricht, dass sie wegen ihrer ruhigen Atmosphäre von vielen Kindern und den meisten Erzieherinnen bevorzugt wird. Es ist aber auch bekannt, dass einige besonders verspannte Kinder sich von dieser ausbalancierten Stimmung überfordert fühlen und noch zappeliger reagieren. Erzieherinnen beobachten, dass solche Kinder eine Stimulation brauchen, wie sie die technische Version bietet, um ihren eigenen inneren Rhythmus wieder zu finden. Voraussetzung für die Einrichtung von Entspannungsräumen oder -bereichen ist daher eine sehr genaue Beobachtung der Kinder, um herauszufinden, was ihnen hilft.

Wie nutzen Kinder die Raumbereiche?

Natürlich nutzen Kinder die Tätigkeitsbereiche überwiegend so, wie sie – auch gemeinsam mit ihnen – geplant wurden; aber eben nicht immer. Schließlich sind Kinder körperlich und geistig permanent in Bewegung. Sie stellen mit ihrer großen Fantasie und Vorstellungskraft oft eigene und für Erwachsene unerwartete Zusammenhänge her und nutzen räumliche Arrangements dann anders als gedacht. Auch die Gruppe als Ganzes ist ein bewegliches und sich ständig veränderndes soziales Gebilde mit vielfältigen Beziehungen zu Menschen und Gegenständen. Daher kann die Anordnung von Möbeln, Objekten und Materialien nur als ein überaus wichtiges Angebot, aber nicht als starres System verstanden werden. Tätigkeitsbereiche müssen wandelbar sein, damit sie den vielfältigen Nutzungsvariationen der Kinder entsprechen. Die räumliche Grundstruktur sollte jederzeit eine lebendige Nutzung mit fließenden Übergängen erlauben, damit die Kinder sich frei zwischen Realität und Fantasie bewegen können. Deshalb brauchen es Kinder offensichtlich auch, sich hin und wieder aus den Strukturen der Tätigkeitsbereiche und -räume auszuklinken, um zusätzliche Spielorte zu schaffen.

Ein Bereich zur Eigengestaltung der Kinder

Kinder lieben es, wenn ihnen ein gesonderter Bereich oder, besser noch, ein kleiner Nebenraum oder eine Raumnische vollständig zur eigenen »Bewirtschaftung« überlassen wird. Hier können sie Höhlen bauen, mit Pappkartons oder Tüchern experimentieren und Spiellandschaften konstruieren, ein Bereich also, in dem sie jenseits aller übrigen Tätigkeiten ihr persönliches Terrain haben, ihrer Fantasie und Spiellaune freien Lauf lassen und ihre Kooperationsformen selbstständig aushandeln können.

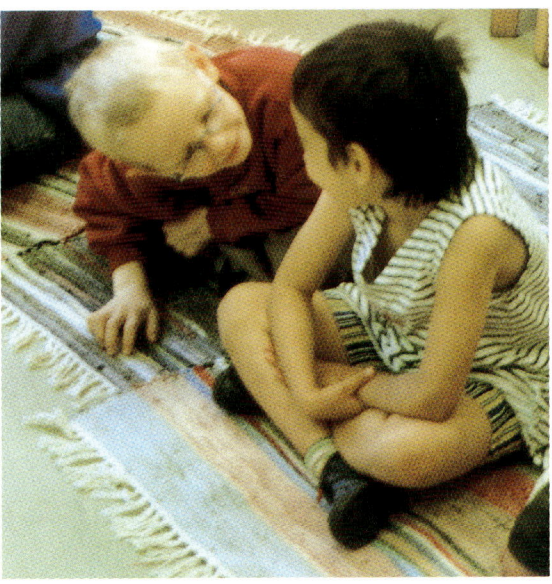

Mit Matten einen eigenen Platz auf dem Boden schaffen.

Freie Flächen auf dem Fußboden ...

...brauchen Kinder aller Altersgruppen nicht nur für ihre Bewegung, sondern auch für Verwandlungen, für das Schaffen vorübergehender, flüchtiger Spielorte, für spontane Aktionen und für die eigenständige Organisation von Spielzusammenhängen, für etwas, das schnell installiert und ebenso rasch wieder verändert und beseitigt werden kann.

59

Ein schnell organisiertes, kurzfristiges Spiel.

Intensive Zuwendung bei freier Sicht nach drinnen und draußen

Orte zwischen »drinnen und draußen«

Kinder mögen es, sich zeitweilig in Raumbereiche zurückzuziehen, die gleichzeitig »drinnen und draußen« sind: auf Fensterbänke, in Eingangsbereiche, auf Treppen. Sie spielen dort, unterhalten sich, beschäftigen sich miteinander, machen Pause vom Gruppengeschehen und beobachten, was auf beiden Seiten vor sich geht. Sie bleiben dort meist nicht lange, sondern verschaffen sich einen Überblick, um sich danach wieder anderen Beschäftigungen zuzuwenden. Manche dieser Drinnen-und-draußen-Spielorte ziehen Kinder allerdings magisch an und

scheinen sich aus ihrer Erfahrung auch für längere Phasen zu eignen. Es ist aufschlussreich herauszufinden, wann und wie oft die Kinder sich dort aufhalten, was sie tun und wie lange sie dort bleiben.

Eingangsbereich: Die Rampe als Spielort
für Autorennen.

EXTRARÄUME

Zwischen neuem und altem Flügel, dem »Müllerhaus«, befindet sich der Eingang der Kita.

Werfen wir jetzt einen Blick in Räume, die – im Unterschied zur Untergliederung in Raumbereiche – als Ganzes entweder vom gesamten Haus oder von einer Abteilung genutzt werden. Meist ist es erforderlich, ihre Verwendung, außer bei der Küche, mit dem Team oder mit dem gesamten Kollegium zu vereinbaren.

Eingangsbereich: Verkehrszone oder Tor zur Nachbarschaft?

Einige Kitas sind architektonisch mit wunderschönen, offenen und einladenden Eingangsbereichen ausgestattet. In anderen Kitas ist es eher eng und düster. Es lohnt sich also, ein paar Überlegungen zur Funktion und Wirkung von Eingangsbereichen anzustellen. Denn der Eingangsbereich ist der erste Raum der Kita, den Eltern, Kinder und Besucher betreten, betrachten und dessen Atmosphäre auf sie wirkt. Das geschieht beim ersten Besuch und wiederholt sich dann täglich.

Ist der Eingangsbereich nur ein Verkehrsknotenpunkt für Wege zwischen Räumen und Etagen oder mehr? Ist der Raum hell und freundlich, wozu auch gute Beleuchtung beiträgt? Informiert er? Weckt er Interesse? Ist er, je nach Tageszeit, einsam oder belebt? Fühlen sich die Besucher verloren? Oder haben sie die Sicher-

heit, an einem angenehmen Ort willkommen zu sein? Ist er offen zum Gemeinwesen? Lassen sich Ereignisse aus der Umwelt hereinholen, die für Kinder und Eltern interessant und anregend sind? Bereichern eigene Präsentationen oder – in Verbindung mit kulturellen Einrichtungen – kleine Ausstellungen die Kita? Das Leben hereinzuholen kann von großer Bedeutung sein, um die mögliche Abgeschiedenheit von Kitas durch einen Austausch mit dem Gemeinwesen durchlässiger zu machen.

Wenn der Eingangsbereich groß genug ist, kann er ein Ort der Begegnung und der Kommunikation für Kinder und Erwachsene sein. Sitzgelegenheiten, Dokumentationen zum Anschauen und Objekte zum Anfassen laden zum Verweilen ein (vgl. RAUM FÜR ELTERN). Er sollte in jedem Fall erste Informationen über die Struktur und die Mitarbeiterinnen des Hauses bieten und Hinweise darauf geben, wohin sich Neulinge wenden können. Ausgestattet mit dieser vorläufigen Orientierung finden sie den Weg durch die Kita.

Zur Ausstellung von pädagogischen Projekten auf dem Foto oben berichten die Kolleginnen dieser Kita:

»Unser Eingangsbereich war immer nur ein Verkehrsweg, um die Gruppenräume zu erreichen. Wir wollten ihn interessanter und einladender gestalten. Die Anschaffung des teuren

63

Schaukastens stieß bei einigen Kolleginnen zuerst auf Skepsis. Wie viel Material und Spielzeug hätten wir für dieses Geld kaufen können? Nachdem dann doch der Schaukasten gebaut und angebracht war, hat uns unsere neue Erfahrung begeistert. Eltern und Besucher bleiben stehen und betrachten die Ausstellung. Erziehergruppen aus anderen Kitas kommen und diskutieren mit uns über unsere Arbeit. Tische und Stühle tragen dazu bei, den Eingangsbereich in einen Treffpunkt und ein Informationszentrum zu verwandeln. Wir sind über unsere Entscheidung ganz glücklich und fühlen uns durch die Öffnung bereichert.«

Die Eingangsbereiche vieler Kitas eignen sich glücklicherweise für eine einladende Gestaltung, für neugierig machende Präsentationen und einen herzlichen Willkommensgruss. Bei anderen ist es schwerer. Stehen Bewohner und Eltern nach dem Betreten der Kita gleich vor der nächsten Wand oder unmittelbar vor den Knöpfen eines Aufzuges, sind Ideen gefragt, wo die Besucher empfangen werden können. Manchmal lassen sich, je nach architektonischen Gegebenheiten, in den Zugängen der Etagen oder Abteilungen Übergangsbereiche schaffen, in denen sich schon vor dem Betreten der Gruppenräume das Gefühl einstellt: Hier bin ich richtig und kann mich schon mal umsehen, bis jemand Zeit für mich hat.

Wir möchten gerade wegen einiger objektiv vorhandener räumlicher Probleme das Augenmerk auf die nicht zu unterschätzende Wirkung von Eingangsbereichen lenken, die den ersten Eindruck von der Kita prägen. Sie kann Eltern bei der Wahl der geeigneten Kita entscheidend beeinflussen.

Wer kümmert sich um den Eingangsbereich, gestaltet ihn und versieht ihn mit aktuellen Informationen? Das könnte eine wichtige Aufgabe der Leitungskräfte sein. Es gibt aber auch gute Erfahrungen damit, dass eine kleine, abteilungsübergreifend zusammengesetzte Arbeitsgruppe von Erzieherinnen diesen Part übernimmt.

Wandelbare Mehrzweckräume

Ältere Häuser haben leider meist keine Mehrzweckräume. In architektonisch moderneren Kitas sind sie vorhanden, doch trotz der allgemein geltenden Raumstandards recht unterschiedlich an die Gruppenräume angebunden. In manchen Kitas ist ein Mehrzweckraum jeweils zwei Gruppenräumen zugeordnet, manche Häuser verfügen über einen pro Abteilung und andere wieder haben einen einzigen für die ganze Kita. Aus dieser Unterschiedlichkeit ergibt sich, dass sich der Mehrzweckraum nicht immer in unmittelbarer Nähe von Gruppenräumen befindet. Als Fläche ist er also möglicherweise vorhanden; aber seine sinnvolle Nutzung erfordert vom Kollegium eine sorgfältige Abstimmung. Es bleibt also letztlich der Entscheidung der Pädagogen überlassen, wie die Mehrzweckräume organisatorisch verknüpft und in die Tätigkeits- und Tagesabläufe der Kinder einbezogen werden. Deswegen werden hier exemplarisch ein paar Ideen genannt:

Einige Mehrzweckräume sind nur spärlich möbliert, damit sie für Bewegungsspiele und das Kutschieren mit kleinen Fahrzeugen, für Feste und Feiern kurzfristig verändert werden können.

In manchen Kitas wird ein Mehrzweckraum mit entsprechenden Geräten komplett als Bewegungs- und Sportraum genutzt, was den Kindern auch im Winter die notwendige Bewegung sichert.

In einigen Häusern wurde der Mehrzweckraum in ein großes zentrales Atelier verwandelt und steht allen Abteilungen nach Absprache zur Verfügung.

Andere Mehrzweckräume hingegen werden, weil die Gruppenräume klein sind, lieber in die täglichen Abläufe integriert. Das verleiht den Räumen eine gewisse Weitläufigkeit, so dass die Kinder in und zwischen den einzelnen Bereichen viel Platz haben und sich dort ungehindert bewegen können. Auch das ist eine Variante, den vorhandenen Platz so sinnvoll wie möglich für die Kinder zu nutzen.

Am Rande sei bemerkt, dass die Sünden der Vergangenheit, einen Mehrzweckraum durch das Vollstellen mit Liegen lahm zu legen, augenscheinlich überwunden sind.

Räume als Werkstatt

Kreativität braucht Raum. Diese Erkenntnis führte vor mehr als zehn Jahren z.B. in Berlin zur Gründung der Kreuzberger Lernwerkstatt für Kindertagesstätten. Beabsichtigt war nicht nur, Projekte mit Kindern zu initiieren und Erzieherinnen fortzubilden, sondern vor allem auch, die Idee von Räumen mit Werkstattcharakter einzuführen. Die Vernetzung zwischen den Kitas und der Lernwerkstatt hat erheblichen Einfluss auf die Einrichtung und Gestaltung von Ateliers und Werkecken in den Häusern genommen.

Erzieherinnen erfahren in der Lernwerkstatt sehr direkt, welche Wirkung das frei verfügbare Material in den offenen Regalen hat. Die ihm eigene Aufforderung, es zu nutzen, vermittelt Zutrauen in die individuellen Fähigkeiten der Kinder. Dieses Element lässt sich durch eine vergleichbare Raumgestaltung in die Kitas übertragen und schafft eine Arbeitsatmosphäre, die gleichzeitig Anregung, freie Gestaltung und Konzentration fördert. Erzieherinnen sind immer wieder überrascht, welche erstaunlichen kreativen Fähigkeiten die Kinder entfalten, wenn entsprechende räumliche Bedingungen und die Aufmerksamkeit der Erwachsenen vorhanden sind.

Voraussetzungen zum Experimentieren und Gestalten sind: sichtbare Materialien und Werkzeuge; ein Wasseranschluss; geeignete Arbeitsflächen auf Tischen, an Staffeleien, an der Wand und auf dem Boden. Sie erlauben es den Kindern, je nach Gestaltungsabsicht unterschiedliche Bewegungen auszuführen – aus

dem Hand-, Ellenbogen- oder Schultergelenk. Unverzichtbar sind Flächen, um angefangene Arbeiten trocknen oder bis zur Fertigstellung liegen zu lassen; denn nichts ist langweiliger für Kinder und Erzieherinnen, als alles immer wieder forträumen zu müssen, weil die Tische z.B. für die Mahlzeiten gebraucht werden.

Das kann schlimmstenfalls sogar dazu führen, kreative Betätigungen gar nicht erst anzufangen.

Wo lassen sich Werkstattbereiche einrichten?

Für Kleinkinder ist ein klar begrenzter und entsprechend eingerichteter Bereich in einem der Gruppenräume zweckmäßig und übersichtlich (vgl. TÄTIGKEITSBEREICHE).

Für ältere Kinder wird es dann bald zu eng und dadurch einschränkend.

In Häusern mit Mehrzweckräumen eignet sich

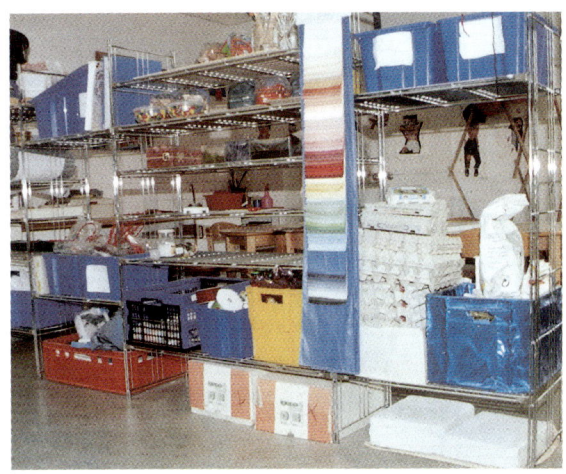

möglicherweise einer davon, darin ein zentrales Atelier für den Elementarbereich und den Hort einzurichten. Auf Kinder übt es einen starken Anreiz aus, wenn sie in diesem schönen Raum arbeiten können. Eines ist allerdings unabdingbar, und diese Empfehlung speist sich aus erfreulichen wie weniger erfreulichen Erfahrungen: Es muss eine eindeutige Zuständigkeit von ein oder zwei engagierten Erzieherinnen geben, die sich um die Materialbeschaffung und Ordnung für das Atelier kümmern.

Es hat sich aber auch bewährt, dezentrale Miniateliers und -werkstätten einzurichten, für die jeweils nur die Erzieherinnen einer Abteilung oder Arbeitseinheit verantwortlich sind. Das ist meist übersichtlicher und darum leichter zu bewerkstelligen. Außerdem haben Ateliers in unmittelbarer Nähe den Vorteil schnellerer Absprachen, guter Erreichbarkeit und auch größerer Kontinuität für die Arbeiten der Kinder. Darüber hinaus ist es leichter, Material für eine Abteilung zu organisieren, als wenn das halbe Kollegium beteiligt ist. Möglicherweise sind ein bis zwei dezentrale Ateliers pro

Kita unaufwändiger einzurichten und zu betreiben als ein zentrales Atelier.

Der Bewegung von Kindern in den Räumen als ein Motor ihrer Entwicklung wurde große Aufmerksamkeit gewidmet. Wir meinen, dass das Experimentieren, Forschen und Gestalten für die Entwicklung der Kinder eine ebenso große Bedeutung hat, damit sie die Welt mit all ihren Materialien und Erscheinungsformen kennen lernen.

Nebenräume für Besen und Buggys?

Gibt es Nebenräume in der Kita, die sich als zusätzliche Orte für die Kinder nutzen lassen? Sie erweitern das Raumangebot zwar nur um wenige Quadratmeter, haben aber den großen Vorteil, separate kleine Zimmerchen oder Nischen für Betätigungen zu offerieren. Dahin ziehen die Kinder sich liebend gern zurück, weil sie dort ungestört spielen können. Wichtig ist, dass diese kleinen Räume gut zu belüften sind.

Nebenräume werden natürlich auch dafür gebraucht, wofür sie vorgesehen waren, z.B. als Abstellkammern; aber ein kritischer Blick in die manchmal unübersichtlichen Innereien solcher Kammern und ein paar originelle Ideen haben schon oft geholfen, zusätzlichen Raum für die Kinder zu schaffen.

Beispiele:
- In einer neuen Kita wurde ein für Buggys ausgewiesener Raum als dringend benötigter, ruhiger Schlafraum für die Jüngsten eingerichtet;

- ein Isolierraum, früher zur vorübergehenden Aufnahme erkrankter Kinder, heute nicht mehr gebraucht, wird als Fotolabor genutzt;
- eine ehemalige Abstellkammer wurde in einen beliebten Puppen- und Rollenspielraum umgewandelt;
- ein nicht mehr benutzter Waschraum entpuppt sich als Miniatelier mit einer dichten Arbeitsatmosphäre.
- Manche Räume haben durch Ringtausch schon erstaunliche Metamorphosen erlebt: der Buggy- und Fahrzeugraum wird zum Büro, das ehemalige Büro als Personalraum für das nicht mehr so zahlreiche technische Personal eingerichtet, ein weiterer, nun nicht mehr benötigter Personalraum wird in ein sehnlichst gewünschtes Atelier verwandelt – und alle sind zufrieden.

Die Küche zum Hineinsehen oder Hineingehen?

Viele Kinder, vor allem die älteren, wollen es ausprobieren und allmählich lernen, sich einen kleinen Imbiss selbst zuzubereiten. Das können sie meist problemlos in den gut ausgestatteten Verteilerküchen tun, in manchen Häusern sogar in der Hauptküche.

Weil Kinder wissen möchten, wie das entsteht, was sie sich täglich einverleiben, ist es ihr Wunsch, auch Einblick in das Leben der großen Küche zu bekommen. Die architektonischen Bedingungen in den meisten Häusern sind allerdings nicht so ideal, als dass die Küche ein warmes und lebendiges Zentrum auch für die Kinder sein könnte. Einige Küchen sind aber so gebaut, dass die Kinder hineinsehen und die Köchin bei ihrer Arbeit beobachten können. In anderen Kitas können die Kinder auch in die Küche hineingehen. In kleinen Kitas ist das schon lange üblich, inzwischen ist es aber auch in den großen kein Tabu mehr. Ganze Gruppen würden die Arbeitsorganisation sicher stören, einzelne Kinder dagegen weniger. Die viel beschworene Gefahr, dass das unhygienisch sein könnte, lässt sich leicht abwenden. Kinder waschen sich gern die Hände und binden sich eine Schürze um, wenn sie in der Küche helfen können. Das muss ja nicht in der ganz heißen Phase stattfinden, wenn die großen Töpfe gewuchtet werden.

Kontakte zwischen Köchin und Kindern durch Besuche in der Küche zu knüpfen ist also fast überall möglich. Gemeinsam mit den Erzieherinnen und der Köchin einen Speiseplan, besser noch eine bebilderte Speisekarte, herzustellen, verbin-

Raumelemente

det zusätzlich und gibt Kindern und Eltern Aus-
kunft über das täglich zu erwartende Essen.

Die Küche hat eine große Anziehungskraft
und Bedeutung für die Kinder, weil sie zum
Lebensraum Kita gehört wie das Essen zum
Bauch. In der Küche einer kleinen Kita roch es so
vertraut, dass sich ein türkisches Kind während
der Eingewöhnungszeit mit seinem Stühlchen in
diese tröstliche Umgebung zurückzog, um von
hier aus die anderen Kinder zu beobachten.

Einrichtung und Möblierung bilden die
Grundausstattung von Räumen und stellen
erste Weichen für die Raumgestaltung. Die
Entscheidung darüber, wo welche Möbel stehen, wo z.B. Regale Raumbereiche unterteilen,
ist zwar in erster Linie funktional, führt aber
bereits zu den Gestaltungsmöglichkeiten in
den Räumen hin.

Unmittelbar neben der Küche: Die Cafeteria für die Hortkinder und für Besucher aus der Nachbarschaft.

Aspekte zu diesem Thema:

Möbel: Am besten ist es, Tische und Stühle so auszuwählen oder später zu ergänzen, dass sie innerhalb der Kita austauschbar und flexibel zu handhaben sind. Das ist besonders dann erforderlich, wenn durch Altersmischung oder die langjährige Begleitung von altershomogenen Gruppen Jahr für Jahr Veränderungen in den Räumen stattfinden. Damit es nicht zu einem Sammelsurium kommt, ist es sinnvoll, Tische und Stühle zwar in unterschiedlichen Größen, aber in gleicher Form und Farbe auszusuchen.

Tische und Stühle müssen auf die Körpergrößen der Kinder abgestimmt sein, damit auch die Kleinsten ihre Stühlchen bequem erreichen, sicher darauf sitzen und sie wieder verlassen können. Wenn es auch ein großer Anreiz für Kleinkinder ist, mal auf einen höheren Stuhl zu klettern, wäre er beim Essen, wenn die Kinder sich im Umgang mit dem Besteck auf ihre Feinmotorik konzentrieren, völlig ungeeignet. Daher können Räume für altersgemischte Gruppen nur mit unterschiedlich hohen Tischen und Stühlen ausgestattet sein. Hierfür eignet sich der bewährte kita-interne Tauschhandel.

Es hat eine befreiende Wirkung, wenn die Räume nicht mit zu vielen Tischen und Stühlen vollgestellt sind, auch damit für die Kinder freie Flächen erhalten bleiben. Am einfachsten lässt sich das durch die Zusammenarbeit von zwei bis drei Gruppen arrangieren, wenn höchstens ein Raum mit der benötigten Anzahl von Tischen und Stühlen für die Mahlzeiten ausgestattet werden muss.

Durch die Tische- und Stühle-Landschaft aus den bekannten Katalogen entsteht leicht der Eindruck einer gewissen Normierung. Einzelstücke dagegen verleihen den Räumen einen individuellen und unverwechselbaren Charakter. Beliebt und geeignet sind Schränke, Sessel, Sofas usw. Es muss nicht alles aus einem Guss sein. Die Vielfalt ist interessant und anregend. Moderne Möbel können schön sein, aber auch ein Tisch oder Schrank aus Omas Zeiten bringt Abwechslung und lenkt den Blick in eine andere Epoche. Dabei ist natürlich nicht an Sperrmüll gedacht, sondern an gut erhaltene oder aufgearbeitete Stücke. Viele Kitas haben in den letzten Jahren bewiesen, dass es möglich ist, mit dieser Art von Individualität die Lebensumwelt der Kinder anzureichern.

71

Ein von den Eltern für ihre Kinder hergestellter Geburtstagskalender als halbtransparenter Raumteiler

Vergessen wir geeignete **Sitzmöbel für Erzieherinnen** nicht, damit sie kein Magenkneifen auf winzigen Kinderstühlchen bekommen. Vor allem möchten sie hin und wieder bequem auf einem Sofa oder Sessel sitzen, um ein Kind auf den Schoß zu nehmen oder mehrere Kinder beim Vorlesen um sich zu scharen. Dieser Wunsch von Erzieherinnen ist bestimmt kein Luxus. Es könnte auch sein, dass sie eine kleine Ecke, ein Regal oder einen Tisch (keinen »Vor-standstisch«!) brauchen, um etwas aufzuschreiben, abzulegen oder aufzuheben. Wenn jeder – Kind und Erzieherin – ein Eigentumsfach hat, wird das von den Kindern gern respektiert.

Raumteiler: Für längerfristige, aber wandelbare Unterteilungen von Raumbereichen eignen sich meist Regale, die Grenzen markieren, aber durchsichtig und luftig sind und dem Raum im

Gegensatz zu Schränken keine unnötige Schwere verleihen.

Wandelbare und bewegliche kleinere Abgrenzungen dagegen lassen sich gut mit Paravents herstellen, die je nach Anlass und Thema unterschiedlich gestaltet werden können: mit Spiegelfolie als ebener oder verzerrender Spiegel, mit einem umfunktionierten Duschvorhang, in dessen kleinen Taschen Kinderfotos stecken oder der als Geburtstagskalender verwendet werden kann.

Für Durchgänge, die gleichzeitig offen und doch ein wenig geschlossen wirken sollen, bewähren sich bewegliche Vorhänge aus Perlen oder farbigen Kunststoffstreifen oder -schläuchen. Kinder lieben solche leicht veränderlichen Abtrennungen, die sie vor den Blicken anderer verbergen, durch deren Ritzen sie aber jederzeit hindurchlugen können.

Der **Fußboden** muss nicht notwendigerweise eintönig hellgrau sein, sondern kann variabel gestaltet werden. Verschiedenartige Beläge, die glatt oder stumpf, hart oder weich, warm oder kühl sind, bilden gut erkennbare Raumbereiche – ein begehbarer Parcours, der die bei Kindern noch sehr empfindsame Wahrnehmung des Untergrundes durch die Füße stimuliert. Auch kleine Raumelemente für die Bewegungsübungen der Kinder, z.B. Stufen oder Minipodeste, lassen sich mit solchen anregenden Oberflächen unterschiedlich gestalten und aufwerten. Kinder freut es, wenn der Fußboden für bestimmte Spiele mit einfachen Mitteln wie

73

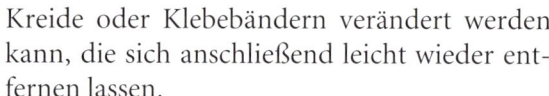

Kreide oder Klebebändern verändert werden kann, die sich anschließend leicht wieder entfernen lassen.

Kinder, die krabbeln wollen, rutschen auf glatten Fußböden aus. Sie brauchen einen stumpfen Untergrund, auf dem sie den nötigen Widerstand für ihre Bewegungen finden. Teppiche aus Naturfasern sind im Gegensatz zu solchen aus Kunstfasern nicht nur warm und behaglich, sondern schaffen auch ein angenehmes Raumklima. Sie verhindern außerdem, dass Kinder sich beim Krabbeln oder Balgen die Hände und Knie verletzen. Wollteppiche sind teuer, so dass öfter Kunststoffbeläge angeschafft werden. Dazu der Kommentar einer Leiterin: »Weniger ist mehr! Lieber nur einmal im Jahr etwas Neues anschaffen, dafür aber etwas Gutes wie einen schönen, dicken Wollteppich!«

Auch **Fliesen**, ihrem Zweck entsprechend meist glatt und immer kalt, können ganz einfach und dauerhaft verändert werden, ohne dadurch ihre Reinigung zu erschweren. Spiegel, farbige Mosaike oder kleine Muscheln, die darauf geklebt werden, erfreuen die Augen und regen den Tastsinn der Hände an.

Noch ein paar kleine, aber nicht unwesentliche Details:

Kinder brauchen **Eigentumsfächer**, um einen Platz für ganz persönliche Dinge zu haben, an die nur sie herangehen dürfen. Diesen Wunsch haben Kinder aller Altersgruppen, also auch die jüngsten.

In einer Integrationskita für behinderte und nichtbehinderte Kinder sahen wir diese patenten **Türklinken**: Durch ein hineingebohrtes Loch

ist eine Schnur gezogen, die am Ende mit gut zu greifenden Holzkugeln versehen ist. Mit diesem Hilfsmittel können auch kleine und behinderte Kinder die Tür öffnen. Wir waren beeindruckt von dem Erfindungsreichtum der Pädagogen, die individuelle Lösungen gefunden haben, um die Entwicklung der Kinder zur Selbstständigkeit zu fördern.

Ein kleines Plädoyer für **Trinkgläser** statt undurchsichtiger Becher: In Bechern aus Porzellan oder Plastik können Kinder nur von oben sehen, ob ein Getränk darin ist. In Trinkgläsern erkennen sie nicht nur auf einen Blick, wie viel Milch oder Saft in dem Gefäß ist, sondern entdecken vor allem, wenn sie das Glas neigen, die Oberfläche der Flüssigkeit und damit die Horizontale. Erwachsenen mag das vielleicht nicht bedeutsam erscheinen. Für Kinder aber hat es einen hohen Erkenntniswert, herauszufinden, wo sich die Flüssigkeit im Glas befindet und wie sie sich verhält.

LEBENDIGE RAUMGESTALTUNG

Kinder brauchen eine Umgebung, »in der sie sich gern aufhalten, die mit allen Sinnen erforscht und erfahren werden kann und die weitere Lernfortschritte inspiriert«.[5]

Im Prozess der aktiven Wahrnehmung stellen Kinder Verbindungen zwischen sich und ihrer Umwelt her. Durch ihre Sinneseindrücke lernen sie die Menschen und Dinge ihrer Umgebung und sich selbst kennen, eine Voraussetzung für die Entwicklung ihrer Identität. Deswegen sind Kinder neben der Begleitung durch ihre Bezugspersonen auf eine reichhaltige und vielfältige Umgebung angewiesen, also auf Räume, die ihre Sinne stimulieren und zu Fragen und Antworten anregen.

Wenn die Einrichtung und die Möbel das zwar mobile, aber feste Gerüst für die Nutzung von Räumen sind, dann bildet die Raumgestaltung den sanften »Überzug«, der alles zum Leben bringt, eine helle und freundliche Atmosphäre, Wärme und Wohlbefinden, eine vielseitige und abwechslungsreiche Umgebung schafft, die Augen und andere Sinne belebt. Räume können nicht nur funktional, sondern auch schön sein, beispielsweise Kreativ- und Werkbereiche mit einer Fülle anregenden Materials oder Wasch- und Wasserräume mit Spiegeln und Grünpflanzen. Neben der Struktur der Räume kann die Wirkung und Bedeutung ihrer Gestaltung daher gar nicht hoch genug eingeschätzt werden.

Durch die Raumgestaltung wird sichtbar, wer tagsüber in den Räumen lebt, weil Kinder und Erzieherinnen durch ihre Persönlichkeiten, durch ihre Arbeiten und Produkte Spuren hinterlassen. An diesen Spuren ist auch die Entwicklung des pädagogischen Konzeptes abzulesen. Wer hinsieht, kann in der Gestaltung und Präsentation von Räumen eine Menge von dem entdecken, was hier täglich geschieht. Solche Eindrücke sind nicht nur flüchtig, sondern speziell für Kinder intensiv und nachhaltig.

Mit einer differenzierten und qualitativ hochwertigen Raumgestaltung, wobei hochwertig nicht unbedingt teuer bedeuten muss, wird entscheidender Einfluss darauf genommen, dass die sensorische Wahrnehmung der Kinder angeregt wird, dass sie sich gut entwickeln und Erfahrungen sammeln, dass sich Kinder und Erzieherinnen in den gemeinsamen Räumen wohl fühlen.

Wir skizzieren zunächst Gestaltungselemente, die für jeden Raum eine prägende Wirkung haben, und folgen danach den persönlichen Spuren der Kinder, die sie in den Räumen hinterlassen.

---

5   *Carla Rinaldi in »children, spaces, relations«, S. 120*

Licht

Natürliches Licht in die Räume zu holen heißt Leben und Bewegung hineinzulassen, eine Verbindung zwischen draußen und drinnen herzustellen (vgl. ORIENTIERUNG). Licht zaubert Schatten. Schatten faszinieren Kinder. Sie haben ihre eigenen Erklärungen dafür, was Schatten sind und wie sie entstehen. Es ist spannend, ihnen zuzuhören.

Architekten von Neubaukitas achten darauf, dass alle Räume ausreichendes Tageslicht erhalten. In älteren Kitas ist das nicht immer der Fall, so dass oft und nicht nur im Winter künstliches Licht für die benötigte Helligkeit sorgen muss. Kinder und Erzieherinnen leiden darunter. Leuchtstoffröhren verursachen nicht nur physikalische und hörbare, sondern auch zwischenmenschliche Spannungen. Zum Ziel von Erzieherinnen, Kindern in der Kita ein gesundes und ausgeglichenes Aufwachsen zu ermöglichen, steht diese Art von künstlicher Beleuchtung in einem eklatanten Widerspruch. Er kann kaum durch farbiges Kaschieren, sondern nur durch das Auswechseln dieser Lampen aufgehoben werden. Tageslicht-ähnliche künstliche Beleuchtung schafft eine angenehmere und entspannte Atmosphäre. Darauf haben Kinder und Erzieherinnen ein Recht. Mögen die Sparzwänge noch so gravierend sein: An der geeigneten Beleuchtung zu geizen bedeutet, die Kinder, die in der Kita leben, um ein elementares Stück Lebensqualität zu bringen. Dieses Problem muss verantwortungsvoll und schnell gelöst werden.

Trotzdem hat geeignetes künstliches Licht, vor allem warmes, auch eine orientierende Funktion: Deckenfluter zum Dimmen als Allge-

meinbeleuchtung; mobile Lampen, die begrenzte Bereiche ausleuchten und in der dunklen Jahreszeit anheimelnde Lichtinseln bilden; Lampen, die auf Bücher hinweisen und zum Lesen einladen. Künstliche Lichtquellen sind nicht nur funktional einsetzbar, sondern können auch kreativ genutzt werden:

Schattenspiele auf einer großen Leinwand oder, noch einfacher, hinter einem umfunktionierten Puppentheater, begeistern Kinder, weil sie auf einer anderen Ebene selbst oder mit Gegenständen agieren können. Figuren werden flach und nahezu körperlos.

Die zuschauenden Kinder müssen ihre ganze Vorstellungskraft aktivieren, um herauszufinden, wer oder was sich hinter der Leinwand bewegt. Ein bezauberndes Spiel zwischen Realität und Fantasie! Gegenstände, die transparent und farbig sind, werfen übrigens farbige Schatten. Schon mal ausprobiert? Eine überraschende Erfahrung!

Leuchttische, an denen Kinder mit Licht gestalten, Schatten erzeugen und Farben zum Leuchten bringen, haben eine intensive Wirkung auf die Wahrnehmung der Kinder. Diese transparenten Werke sind geradezu prädestiniert für Ausstellungsflächen am Fenster.

Leuchttische oder -kästen lassen sich, wie viele Erzieherinnen wissen, aus einem Kasten, einer Mattscheibe und einer fertig montierten Stableuchte ohne großen Aufwand selbst herstellen.

Farben

Farben sind ein wesentliches Element unseres Lebens und können vielerlei. Sie machen uns fröhlich oder trübsinnig; sie erwärmen uns oder lassen uns frösteln; sie orientieren oder verwirren; sie können Räume kühl oder behaglich machen, Ruhe oder Unruhe stiften, zu Geselligkeit oder Konzentration einladen und damit auf die ihnen eigene Art den Weg zur sinnvollen Nutzung von Räumen und Tätigkeitsbereichen bahnen oder verwehren.

Uns ist allen bewusst, dass Farben für die Orientierung, für Anregungen zur Aktivität oder Ruhe und für das Wohlbefinden eine große Bedeutung haben. Kinder reagieren darauf genauso sensibel wie Erwachsene, nur können sie meist die Ursache für ihre Empfindungen nicht erklären. Umso mehr müssen sich daher die Erwachsenen im Sinne der Kinder um diese Zusammenhänge kümmern.

Wie Räume farblich aussehen sollen, hängt mit der Beschaffenheit der Räume, ihrer Nutzung und dem pädagogischen Konzept der Kita zusammen und muss von den dort arbeitenden Pädagogen gemeinsam beschlossen werden. Die ideale Farbe gibt es nicht. Darum sollen hier keine konkreten Vorschläge zur Farbgestaltung von Kitaräumen gemacht werden, sondern nur ein paar Überlegungen zur Diskussion angeboten werden, weil das subjektive Empfinden sehr unterschiedlich sein kann. Vorsicht ist bei reinen, kräftigen Wandfarben geboten, weil sie eine enorm starke Wirkung haben, besonders, wenn sie miteinander kombiniert werden. Helle, gebrochene Farbtöne sind geeigneter, weil sie eine subtilere Ausstrahlung haben. Wenn wir

voraussetzen, dass die Wände für Dokumentationen und zur Ausstellung von Produkten der Kinder genutzt werden, ist es sogar äußerst sinnvoll, den Wänden zurückhaltende Farben zu geben, damit die Objekte nicht übertönt werden. Auch Vorhänge, Polster und Kissen, die außerdem eine beruhigende akustische Funktion haben, bringen zusätzliche Farben in die Räume. Architekten sprechen davon, dass die Farbgestaltung der Wände eine dienende Funktion hat, also dezent sein sollte, damit alle anderen Farben im Raum umso mehr wirken.

Was tun mit Räumen, die ungeeignete Farben haben oder deren Wände verbraucht aussehen? Sie so lassen und warten, bis der Reichtum »ausbricht«? Wohl kaum, denn das würde heißen, dass auch noch die nächsten Generationen von Kindern diese Räume ertragen müssen. »Kinder haben das Recht, an Orten aufzuwachsen, die gut erhalten und freundlich sind, und Kindertagesstätten können von dieser Verantwortung nicht ausgenommen werden.«[6] Wie viel mehr sind Kinder darauf angewiesen, die es zu Hause vielleicht nicht so gut

6   *Vea Vecchi in: »children, spaces, relations«, S. 133*

getroffen haben. Auch Erzieherinnen, das kann nicht oft genug wiederholt werden, wollen sich in ihren Kitaräumen wohl fühlen, damit sie sich anteilnehmend und fördernd auf die Kinder einlassen können.

Träger von Kindertagesstätten sollen keineswegs aus ihrer Verantwortung und Verpflichtung entlassen werden. Aber bei dem Schneckentempo, das erfahrungsgemäß – meistens auf Grund von Ebbe in den Kassen – zur Beseitigung von Mängeln eingeschlagen wird, scheint es notwendig zu sein, mal selbst zu Pinsel und Farbe zu greifen. Manche Erzieherinnen tun das gern; andere lehnen diese Arbeit aus prinzipiellen Erwägungen ab. Wir wollen aber darauf hinweisen, dass viele Kitas gute Erfahrungen mit Eigeninitiativen gemacht haben.

Was empfehlen sie?

- Farbe und Material sind auch bei enger Haushaltslage meistens zu bekommen.
- Wenn rund um die etwas »ausgedünnte« Sommerpause Räume ohnehin neu hergerichtet werden sollen, haben Eltern und Erzieherinnen die eine oder andere Wand gestrichen, was mit vereinten Kräften gar nicht so lange dauert und ein voller Erfolg ist.
- Wenn der Aufwand größer ist und die Kita ihn nicht allein bewältigen kann, übernehmen manche Ausbildungsprojekte diese Arbeiten kostenlos. Auch wenn der Arbeitsprozess unter Umständen etwas länger dauert – bis jetzt haben die Jugendlichen es immer noch geschafft.

Transparenz

Warum werden Fensterscheiben in Kitas so gern bemalt? Vielleicht zur Dekoration; zum Schutz vor Ein- und Ausblicken; als Markenzeichen, um zu bekunden, dass hier Kinder leben; aus unerklärlicher Tradition? Wir wissen es nicht. Womit sind die Fenster bemalt? Mit transparenten Farben, die das Licht durchscheinen lassen und eine sanfte Stimmung zaubern? Nicht immer. Oft schlucken dicke Farbschichten das Licht und machen Räume dunkler, als sie eigentlich sind.

Welche lustigen oder netten Figuren tummeln sich auf den Scheiben? Aus welchen Jahreszeiten oder Geschichten sind sie an die Fenster geklettert? Stammen sie aus Projekten? Wer hat sie gemalt? Können die Kinder sie erkennen? Kleine Kinder sind noch nicht in der Lage, riesige Figuren mit ihren Blicken zu erfassen. Außerdem haben sie vermutlich eine ganz andere oder gar keine Vorstellung von Schneewittchen oder vom Rentier in ihrem Kopf. Höchstwahrscheinlich hat ein Zweijähriges in seinem kurzen Leben noch nie ein Rentier gesehen und weiß überhaupt nicht, was das ist.

Wir regen an, die Gruppenräume ganz konkret zu betrachten:
Können die Kinder hinaussehen oder sind die Fensterbänke zu hoch? Ist es dann möglich, dass die Kinder auf Bänke oder kleine Podeste steigen, um aus dem (ungeöffneten) Fenster heraus das zu beobachten, was draußen passiert?
Was entdecken die Kinder, wenn sie aus dem Fenster sehen? Einen Garten, Bäume, den Himmel, Wolken, die Sonne, eine Brandmauer, ein Hochhaus? Sollte den Kindern tatsächlich die

Aussicht versperrt werden? Sie interessieren sich nicht nur für Schönes, sondern auch für Ausschnitte der Umgebung, wenn sich dort etwas bewegt und verändert.

Was sehen Menschen von draußen, wenn sie einen Blick in den Gruppenraum werfen? Aktive Kinder, eine schöne, anheimelnde Ausstattung, eine einladende Kinderwerkstatt, interessante Details, über die man gern mehr erfahren möchte?

Manche Schlafräume müssen vor Lärm, Einblicken oder zu viel Helligkeit geschützt werden. Dafür sind aber möglicherweise Gardinen besser geeignet als bemalte Fenster, weil sie sich durch Auf- und Zuziehen verändern lassen. Müssen Räume aber immer vor Einblicken geschützt werden? Bestimmt finden Eltern, Nachbarn und andere Kinder es interessant, zu sehen, was im Innenleben der Kita geschieht, und wollen vielleicht Kontakt aufnehmen.

Wir möchten dazu ermuntern, genau zu überprüfen, wie viele Ein- und Aussichten für die Kinder verträglich sind, und zu differenzieren, in welchen Fällen ein Blickschutz notwendig ist. Die Entscheidung darüber hängt auch von der Lage der Kita ab. Grenzt sie an eine verkehrsreiche Straße, steht der Wunsch nach Schutz im Vordergrund. Liegt sie aber wie die meisten auf einem relativ ruhigen Gelände, kann die ungehinderte Ein- und Aussicht der Kinder Vorrang haben.

Unabhängig davon, wie nach sorgfältiger Abwägung die Entscheidung ausfallen mag: Fenster haben immer etwas mit dem Sehen und der Wahrnehmung, also mit den Augen und der Vorstellungskraft der Kinder zu tun. Deswegen plädieren wir dafür, statt großflächiger Gemälde lieber Kleinteiliges am Fenster anzubringen, das

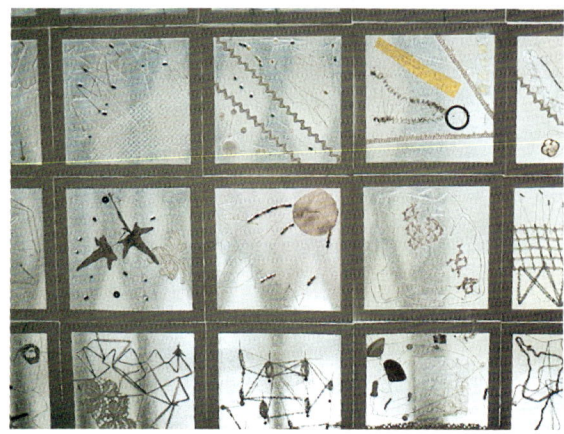

Fast in jedem Raum dieser Krippe gibt es Durchblicke in Kinderhöhe.

die Aussicht nicht versperrt. Dann können die Kinder die Umwelt durch kleine optische oder farbige Objekte betrachten, wodurch die Umgebung visuell verändert wird und neue Fragen und Einsichten entstehen.

Kinder orientieren sich über ihren Gruppenraum hinaus, wenn Durchblicke in andere Räume, in andere Etagen, in das Treppenhaus, auf den Korridor oder nach draußen in den Garten möglich sind. Sie wissen, was sich außerhalb des Raumes befindet und bewegt, sie können Beziehungen zwischen sich und anderen Kindern und Ereignissen, zwischen drinnen und draußen herstellen. Die Befürchtung von Erzieherinnen, ein großes Maß an Transparenz und Durchlässigkeit könnte sie und die Kinder überfordern, ist verständlich, aber offensichtlich unbegründet. Wie Erzieherinnen berichten, die

Übung mit »durchsichtigen« Räumen haben, wandelt sich die anfängliche Sorge in Befreiung, Erweiterung der Wahrnehmung und des Horizonts. Sie sind der Meinung, dass Kinder auf Grund dieser Erfahrung selbst offener und aufgeschlossener werden, dass sie mehr Durchblick im doppelten Sinne des Wortes haben, dass die Kinder die Freizügigkeit gern nutzen und schätzen. Die Annahme, Kinder könnten dadurch permanent abgelenkt werden, trifft nicht zu. Sie fühlen sich wohl in ihrem »Aquarium« mit Blick nach allen Seiten. Sie wissen, dass sie nichts versäumen und können sich dann umso mehr auf ihre Tätigkeiten konzentrieren. In solch transparenten Räumen muss allerdings eine ausreichende Anzahl geschützter Nischen vorhanden sein, in die sich die Kinder zurückziehen können, denn neben der Offenheit brauchen sie als Ausgleich auch Intimität.

Spiegel

Beim allmorgendlichen Blick in den Spiegel betrachten wir Erwachsenen unser Gesicht und stellen fest, dass wir wissen, wer wir sind. Kinder dagegen müssen sich selbst erst kennen lernen. Das geschieht durch die Wechselwirkung mit anderen Kindern und Erwachsenen, vorrangig aber dadurch, dass sie ihr Gesicht, ihre Gestalt und ihre Bewegungen im Spiegel sehen und erkennen. Weil Kinder sich schnell verändern und sich außerdem gern durch Kleidung und Bemalung verwandeln, Mimik und Gestik erproben wollen, müssen sie immer wieder in den Spiegel schauen, um sich ihres Bildes zu vergewissern. Vor allem ihre Rückseite bleibt solange ein Geheimnis, bis es durch Spiegelung gelüftet wird.

Spiegel werfen aber nicht nur das eigene Bild zurück, sondern auch das von Freunden und deren Bewegungen in der Gruppe. Spiegel verleiten zur Kontaktaufnahme, zum Vergleichen von Ähnlichkeiten und Unterschieden und zum gemeinsamen Spiel. Spiegel üben eine große Anziehungskraft auf Kinder jeder Altersgruppe aus. Spiegel machen nicht eitel, sondern reichern die Sinneseindrücke der Kinder an und helfen ihnen, ihr Selbstbild aufzubauen und ihre Identität zu stärken. Spiegel erweitern den Raum und erlauben es manchmal sogar, um die Ecke zu sehen. Mit ihnen lässt sich Licht und Farbe in dunkle Raumbereiche lenken. Kleine Spiegel konzentrieren den Blick auf Details, etwa auf den Mund, die Nase oder die Augen. In großen Spiegeln können die Blicke über die ganze Gestalt wandern.

Welche Art von Spiegeln gibt es, welche hätten wir gern in Kitas? Eine Auswahl:

Gegenstände in einem Winkel betrachten und »heranholen« können, die dem direkten Blick nicht zugänglich sind.

- Kleine Standspiegel, die Kinder vor sich auf den Tisch stellen, wenn sie ihr Gesicht darstellen wollen. Sie brauchen die Anschauung, um zwischen sich und der Gestaltung vergleichen zu können.
- Konvexe und konkave Spiegel, in denen die Figur entweder zu einem Strich zusammenschmilzt oder bei schneller Annäherung explodiert. Rätsel der Wahrnehmung, die Kinder entschlüsseln möchten.
- Spiegelzelte, in die Kinder (und Erwachsene) sich hineinlegen und sich über ein, zwei, viele Arme und Beine wundern.
- Einen Spiegel über dem Wickeltisch, in dem die Kinder sich und das, was die Erzieherin mit ihnen macht, beobachten können. (Ein solcher Spiegel lässt sich ganz einfach aus einem Gymnastikreifen mit aufgeklebter Spiegelfolie herstellen. Er ist leicht anzubringen und völlig ungefährlich.)
- Runde Spiegel, auf dem Boden festgeklebt, an die die Kinder vorsichtig herantreten und über die »Tiefe« staunen.

- Kleinere Spiegel im Bad, um das Zähneputzen und Waschen des Gesichts kontrollieren zu können.
- Hohe Spiegel, damit die Kinder den ganzen Körper betrachten können.
- Dreiteilige Spiegel (z.B. von alten Frisierkommoden), in denen die Kinder die eigene Rückseite kennen lernen, wenn sie die Spiegelflügel in einem geeigneten Winkel zueinander klappen.
- Über Eck angebrachte Spiegel, die ungewohnte Blicke in den Raum erlauben und neue Zusammenhänge herstellen.
- Handspiegel zum Experimentieren, mit denen Kinder sich frei bewegen und Menschen oder

Alle Kinder brauchen und wünschen sich Spiegel, in denen sie sich betrachten und sich ein Bild von sich machen können. Auch und besonders die Kleinsten müssen diese Chance der Selbsterkundung haben. Sind Spiegel für sie – z.B. über dem Waschbecken – mit den Blicken nicht erreichbar, müssen sie niedriger angebracht werden. Sollte das aus irgendwelchen Gründen schwierig sein, lassen sich Zwischenräume gut mit selbstklebenden Spiegelkacheln überbrücken.

Objekte

Objekte haben für kleine Kinder eine besondere Bedeutung, weil Objekte die Kinder durch Erkundungen (befühlen, bewegen, in den Mund stecken) in die Welt der Dinge einführen und Verständnis für die Umgebung wecken. Objekte sind daher nicht einfach nur tote Sachen; Kinder setzen sie in Verbindung zu ihren Erfahrungen und Emotionen (Übergangsobjekte zwischen zu Hause und der Kita, Puppen). Bei der Art der persönlichen Beziehungen, die Kinder zu Objekten aufnehmen und sie damit beleben, ist es hilfreich, herauszufinden und zu verstehen, welche Bedeutung bestimmte Objekte für die einzelnen Kinder haben.

Hier sind also keine »Deko-Artikel« gemeint, sondern Fotos, Spiegel, Mobiles, Gegenstände, zu denen die Kinder eine Beziehung herstellen und die einen Wiedererkennungswert haben. Geeignet sind alle Objekte, die die Kinder zum Ausprobieren anregen, z.B. Gegenstände zum Betasten und Anfassen, Spielzeuge zum Herum- oder Herunterziehen (elastisch aufgehängt), Klangkörper.

Interessant sind Produkte von Kindern, die als Wertschätzung ihrer Arbeitsprozesse und -ergebnisse präsentiert werden, also z.B. Objekte, die aus einem Projekt stammen. Vorstellbar sind auch auf die Jahreszeiten bezogene Objekte, die Kinder mit Ereignissen aus ihrer Umgebung in Zusammenhang bringen, beispielsweise Weihnachtskalender in der Adventszeit, und zwar nur in dieser Zeit. Unmittelbar danach müssen sie wieder abgenommen werden. Es haben also all die Objekte in den Räumen ihre Daseinsberechtigung, mit denen die Kinder inhaltlich oder emotional etwas verbinden.

Wenden wir diesen Maßstab durchgängig an und überprüfen daraufhin manche bereits vorhandenen Objekte auf ihre Sinnhaftigkeit, müssten sich – dies als Beispiel – so manche Biene Maja und sommerliche Schneemänner verabschieden, weil sie keine oder gar eine verwirrende Wirkung auf die Kinder haben.

Natürlich müssen Objekte, sofern sie nicht auf dem Boden liegen, in einer für die Kinder erreichbaren Höhe, z.B. über dem Spielteppich oder über dem Wickeltisch, aufgehängt werden.

Material oder Spielzeug in Hülle und Fülle?

Wir sehen Räume in »spielzeugfreien« Kitas, die mit Bedacht äußerst sparsam ausgestattet sind und die Kinder zur Erfindung eigener Spiele stimulieren. Wir sehen aber auch Räume, die einen gewissen Warenhauscharakter haben, wahllos mit Spielzeug voll gestopft, über das die Kinder stolpern, das sie beziehungslos kurz in die Hand nehmen, um es dann wieder wegzuwerfen. Sie sind ganz offensichtlich verwirrt und überfordert von so einem Durcheinander. Zwischen diesen weit voneinander entfernten Spiel- und Raumkonstellationen gibt es vielfältige Abstufungen. Wir wollen Spielzeug hier nur unter dem Gesichtspunkt seiner Wirkung auf die Kinder und die Räume betrachten.

Ein hochkompliziertes Bauwerk mit unterschiedlich großen Klötzen.

der Kinder zu ihrer Umwelt in den Vordergrund stellen, kann gedanklich neu sortiert werden, welches Spielzeug und welches Material dafür geeignet sind.

Tendieren wir bei unstrukturierten Materialien zu einer übersichtlichen Fülle, um den Kindern Nahrung für ihre Sinne zu geben, kann beim fertigen Spielzeug eher Zurückhaltung geübt werden. Kinder brauchen nicht so viele Gegenstände im Miniformat, sondern vielmehr echte Utensilien aus Küche und Werkstatt. Ein Küchensieb z.B. ist natürlich zum Sieben, genau so gut aber auch als »optisches« Gerät geeignet, durch das die Kinder die Welt erstaunt betrachten. Bürsten sind zum Bürsten, aber auch zum Streicheln, zum Kitzeln oder zur Verwandlung in einen Igel geeignet. Es ist aufschlussreich, zu beobachten, welche Bewegungen, Zuordnungen, realen Tätigkeiten, Rollenspiele und Fantasien Kinder in ihrer jeweiligen Lebensphase bevorzugen. Dann können ihnen die Gegenstände und die Materialien angeboten werden, die sie dafür brauchen und die sie einen kleinen Schritt voranbringen. Alles andere ist meist überflüssig. Das derart bereinigte Angebot bekommt auch den Räumen sehr gut, weil sie dadurch Platz und Freiraum für eigene Initiativen und Entscheidungen der Kinder lassen. Wie Spielzeug und Materialien am besten aufbewahrt und präsentiert werden, dazu wurde im Zusammenhang mit den unterschiedlichen Tätigkeitsbereichen und -räumen bereits etwas gesagt.

Richtig ist, dass Kinder sich mit Dingen und Gegenständen unterschiedlicher Beschaffenheit, z.B. aus Holz, Metall, Plastik, Pappe, mit voneinander abweichenden Größen und Formen auseinander setzen müssen. Das tun Kinder immer und überall mit Spielzeug und Einrichtungsgegenständen, besonders aber im Umgang mit verschiedenartigen Materialien. Wenn wir also die Erprobung und Beziehung

Dokumentationen oder »Die Wände sprechen«

Räume werden nicht nur durch die Anwesenheit der Kinder, ihre Handlungen und Äußerungen lebendig, sondern auch durch das Sichtbarmachen ihrer Gestaltungsprozesse und -ergebnisse. **Kinder** finden großen Gefallen daran, anderen ihre Werke zu zeigen. Es hat für sie einen enormen Wert, sich über ihre eigenen Produkte zu identifizieren. Werden Gestaltungsprozesse und Werke der Kinder in Dokumentationen zusammengefasst und länger aufgehoben, entsteht eine zusätzliche, noch interessantere Qualität. Kinder können ihre Produkte und die ihrer Freunde vergleichen und feststellen, was sie früher konnten, als sie noch jünger waren, und was sie heute können: ein sich abzeichnender Zuwachs an Kompetenz.

Für **Erzieherinnen** leisten Dokumentationen, die nicht nur aus Fotos, sondern auch aus Notizen zu den Arbeitsprozessen und aufgeschriebenen Kommentaren der Kinder bestehen, einen wesentlichen Beitrag, um das Lernen und das Handeln der Kinder zu verstehen, herauszufinden, warum und wie sie etwas tun, Prozesse sichtbar zu machen, die sie mit Kolleginnen auswerten können.

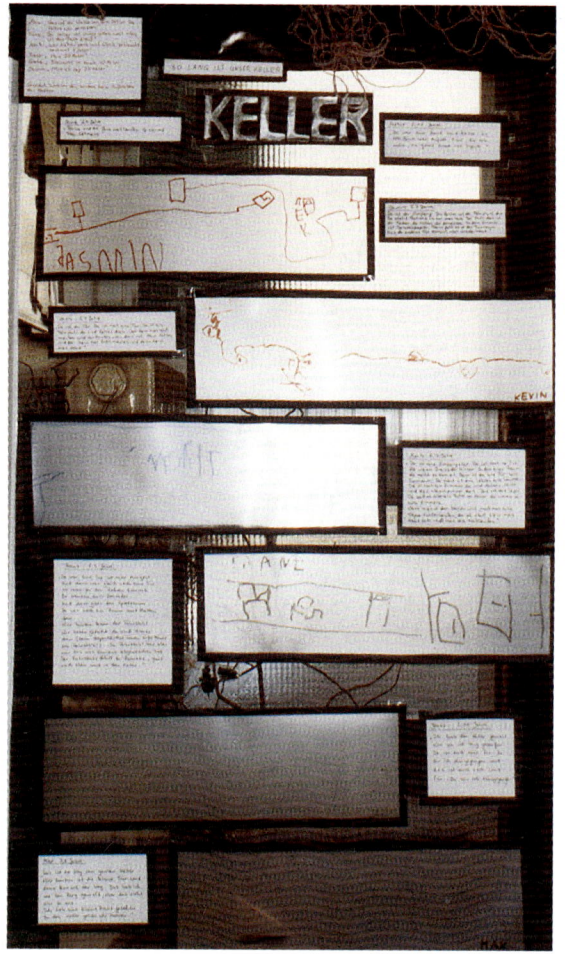

Die Erkundung des Kellers.

Um Erfahrungen mit Dokumentationen zu sammeln, ist es empfehlenswert, klein anzufangen und es erst mal nur an einem Projekt auszuprobieren. Arbeitsprozesse und -ergebnisse in kleineren oder größeren Schritten zusammenhängend darzustellen – das ist fast die einzige Möglichkeit, sie auch für Nichtbeteiligte nachvollziehbar zu machen.

Für die **Eltern** bedeuten Dokumentationen nicht nur Information; vor allem werden sie dadurch in die Tätigkeiten ihrer Kinder einbezogen, was so wesentlich anschaulicher geschieht als durch ausschließlich mündliche Mitteilungen.

Vielen Erzieherinnen fällt auf, dass Kinder es lieben, ihre Zeichnungen an die Wand zu heften, am besten dort, wo sie gerade gearbeitet haben und sitzen. Das erfreut die Kinder zwar kurzfristig, kann aber leicht zu einem unübersichtlichen Patchwork-Muster an der Wand führen. Wenn Kinder den Wunsch haben, ihre Werke auszustellen, ist es besser, eine Wandfläche speziell für Dokumentationen und ein Regal für die Produkte zu reservieren. Werden dann die Einzelergebnisse der Kinder thematisch zusammengefasst und mit Titeln, Kommentaren der Kinder oder Kurzbeschreibungen versehen, bekommen sie einen Rahmen und einen höheren Wert. Jedes Einzelprodukt eines Kindes erhält durch eine solche thematische Konzentration eine zusätzliche Bedeutung im Sinne eines Gemeinschaftswerkes. Mit den Kindern ein bisschen Mühe für die Dokumentationen aufzuwenden, lohnt sich, denn wenn die Dokumentationen gelungen sind, sind ihr Informationswert und die Freude daran umso größer.

Gibt es einen festen Ausstellungsort, müssen die Blicke von Kindern und Erwachsenen nicht erst im ganzen Raum danach suchen, sondern können sich auf Dokumentationsbereich oder -wand konzentrieren. Eltern und Besucher erkennen dann auf einen Blick, welches Thema in der Gruppe bearbeitet wurde.

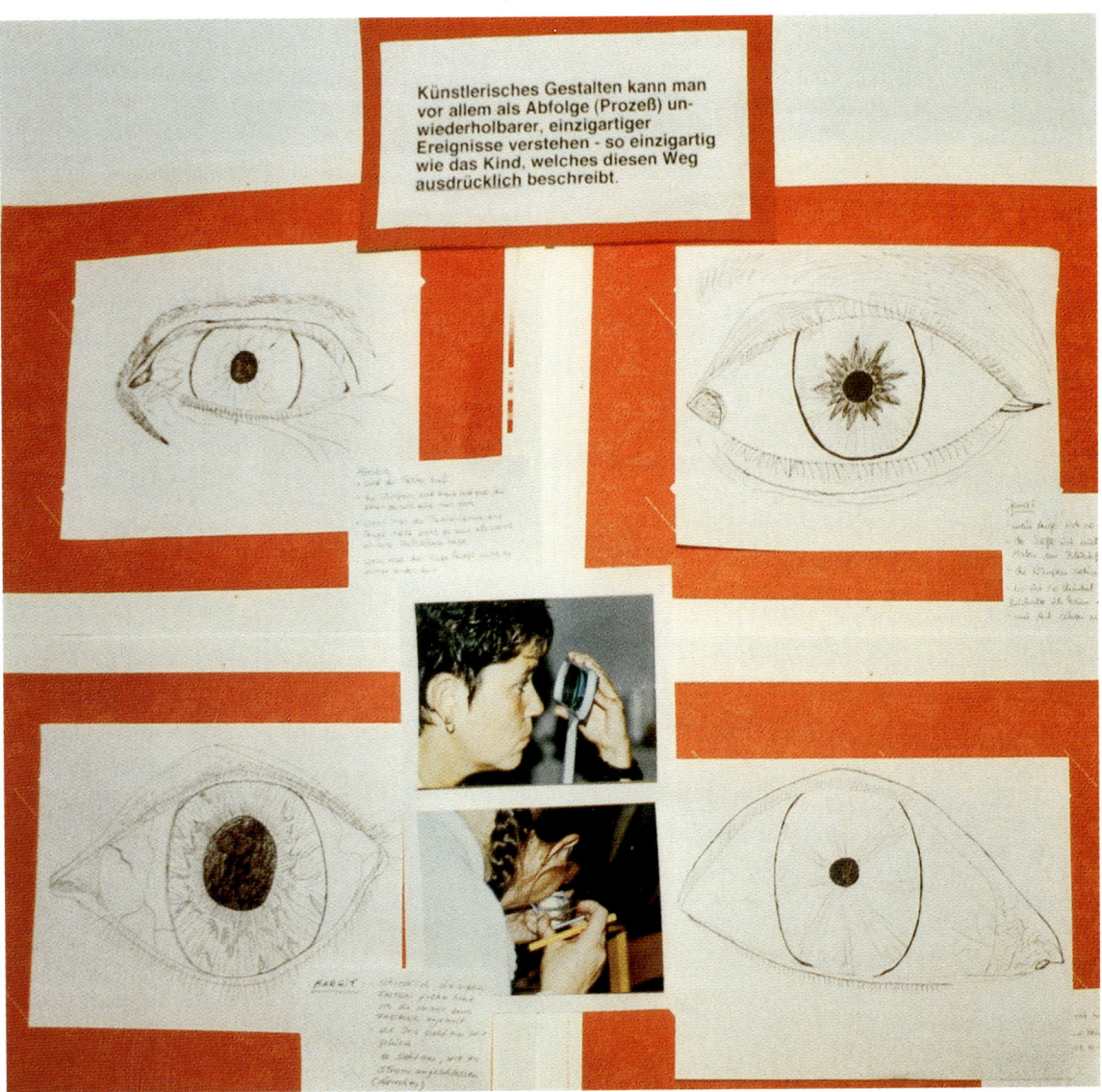

Künstlerisches Gestalten kann man vor allem als Abfolge (Prozeß) unwiederholbarer, einzigartiger Ereignisse verstehen - so einzigartig wie das Kind, welches diesen Weg ausdrücklich beschreibt.

Zur Präsentation von Dokumentationen werden geeignete Wandflächen, Pinnwände, Wechselrahmen, Leisten u.ä. gebraucht, so dass die Ausstellungen über längere Phasen erhalten bleiben können, andererseits aber auch leicht zu ergänzen oder auszuwechseln sind. Damit die Kinder sie gut betrachten können, sollten die Dokumentationen in ihrer Augenhöhe aufgehängt werden.

91

Spuren individueller und kultureller Vielfalt

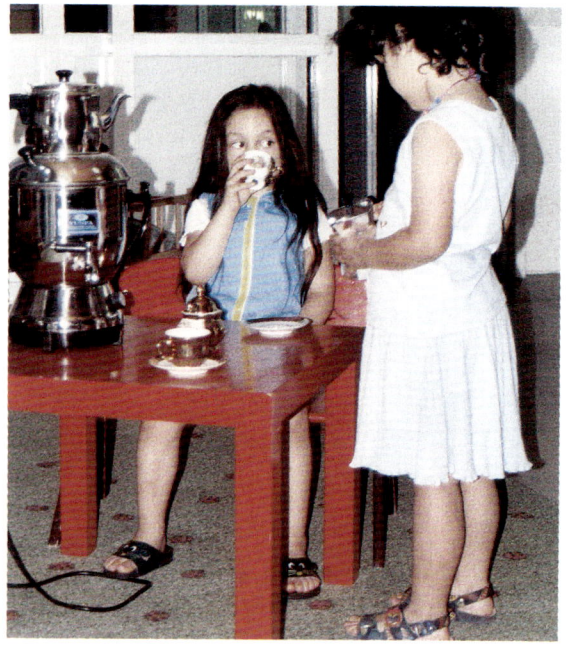

»Die Haut ist verschieden, aber die Gedanken nicht. Wenn ich ihm alle meine Gedanken sage, dann versteht er davon einige, und ich verstehe seine.«[7]

Jedes Kind, ob Mädchen oder Junge, ob mit weißer, olivfarbener oder brauner Haut, ob deutsch oder nichtdeutsch, ob behindert oder nichtbehindert, ist auf Grund seiner Biografie, seiner Familie, seiner Religion, seiner persönlichen Erfahrungen und Fähigkeiten unverwechselbar, einmalig und anders als alle anderen. Aufgabe der Erzieherinnen ist es, Wege zu finden, um mit dieser bunten Mischung von Individuen und mit möglichen Schwierigkeiten im Zusammenleben der Kinder aus verschiedenen Kulturen pädagogisch umgehen zu können. Hier möchten wir uns ausschließlich auf Überlegungen konzentrieren, wie durch die Raumausstattung und -gestaltung die Bedürfnisse und Rechte der unterschiedlichen Kinder unterstützt werden können.

Je fremder Kindern die Kita mit ihrer dominierenden Sprache, ihren Gebräuchen, Liedern, Büchern und Festen anfangs ist, umso mehr sind sie darauf angewiesen, dass wir ihnen Brücken bauen. Sie sollen die Chance haben, sich zurechtzufinden und trotz anfänglicher Fremdheit in die Gruppe hineinzuwachsen. Eine Atmosphäre der Akzeptanz von Unterschiedlichkeit, die Wertschätzung kultureller Besonderheiten und die Neugier, sich gegenseitig kennen zu lernen, sollten in der Raumausstattung und -gestaltung

sichtbar werden und ihre Spuren hinterlassen; Spuren, die direkt zu den Kindern führen, die hier für einige Jahre leben. Sich mit Ausstattung und Material individuell und differenziert auf die Kinder einzustellen – das hilft dabei, ihr Selbstwertgefühl zu stärken.

Brücken der Verständigung werden gebaut, wenn Kinder Alltagsgegenstände aus ihrem familiären und kulturellen Bereich, die ihnen vertraut sind, in der Kita wieder finden. Das gilt für Kinder nichtdeutscher Herkunft, aber natürlich ebenso für deutsche Kinder, denn was als »deutsche Kultur« bezeichnet wird, ist ja offensichtlich so einheitlich auch nicht. Vielleicht können Kinder oder Eltern etwas aus ihrem häuslichen Fundus abzweigen? Sie tun das meist gern, weil darin die Wertschätzung gegenüber ihrer Kultur

---

7   *Aussage eines 5-jährigen Jungen in: Reggio Children »Ein Ausflug in die Rechte von Kindern«, S. 25*

zum Ausdruck kommt. Auch Erzieherinnen haben schon etliche Gegenstände, die sie nicht in Berlin auftreiben konnten, aus der Türkei, ihrer Heimat, mitgebracht.

So oder ähnlich könnten interkulturelle Räume oder Bereiche aussehen, in denen die Kinder sich wieder finden, sich aber auch mit Verschiedenartigkeit beschäftigen. Bereiche, die von Kindern jeder Herkunft sehr geschätzt werden, weil sie Farbe, Unverwechselbarkeit und Wohlbefinden zaubern:

Kuschel- oder Sitzbereiche mit Kissen und Teppichen, um sich auszuruhen, Geschichten zu erzählen, Bücher zu betrachten oder Musik zu hören. Solche Ecken sind auch bei Eltern sehr beliebt, weil sie sich durch die Ausstattung zum Verweilen eingeladen fühlen.

Rollenspielbereiche mit Küchenutensilien aus verschiedenen Familienkulturen, die vielleicht exotisch sind, aber nicht sein müssen: Geschirr, Teekessel, Essgeräte und andere Gegenstände.

Die Familienwand

Ausschlaggebend ist, dass die Kinder eine Beziehung zu den Dingen haben und merken, es ist in der Kita ein bisschen wie zu Hause.

Auch **Bilderbücher und Musikinstrumente oder -kassetten** können authentisch kulturelle Verbundenheit vermitteln. Dazu gehören natürlich auch Bücher in den Familiensprachen der Kinder, soweit sie zu beschaffen sind. Wenn die Kinder sie auch noch nicht selbst lesen können, so erkennen sie schon die andersartigen Schriftzeichen und Strukturen. Bücher müssen sorgfältig daraufhin geprüft werden, ob sie Verschiedenartigkeit mit Respekt und Wertschätzung behandeln.

Fotos und Bilder sind ebenfalls sehr geeignet, die unterschiedlichen Lebenswelten der Kinder in die Kita zu holen. Ein Beispiel dafür ist die **»Familienwand«**, auf der mit Fotos, Collagen und Babyspielzeug die Familien der Kinder »eingefangen« wurden. Auf den Fotos sind nicht nur die ethnische Zugehörigkeit und andere persönliche Merkmale erkennbar, sondern auch die ganze Fülle praktizierter Familienformen: Ein-Kind-Familien, Geschwister, ein oder zwei Elternteile, Großeltern… In Sichthöhe der Kinder angebracht, kann die Familienwand zu einem starken emotionalen Rückhalt werden. Die Kinder begrüßen ihre Familie und verabschieden sich von ihr, wenn sie am Nachmittag in die reale Familie abgeholt werden. Auf **Familienfotos** an Schlafplätzen, die die Kinder beruhigt einschlafen lassen, wurde bereits im Kapitel »Ausruhen und Schlafen in altersgemischten Gruppen« hingewiesen.

»Wenn du JEDEN malen möchtest, brauchst du alle Farben der Welt.« [8]

Kinder sind oft unzufrieden über die Auswahl von **Farben**. Wenn sie ein Gesicht malen wollen, bleibt häufig nur ein »Schweinchenrosa«, was der Vielfalt von Hautfarben in keiner Weise entspricht. Es gibt inzwischen Buntstifte, mit denen die unterschiedlichsten Abstufungen von Hautfarben gemalt werden können. (Das Projekt »KINDERWELTEN« hat einige Sets dieser Stifte vorrätig und berät gern zu Anschaffung und Verwendung. Vgl. INFORMATIONEN.) Auch Aquarellkreiden lassen sich ganz leicht mischen, womit jeder gewünschte Hautton gemalt werden kann.

---

8   *Zitat von einer Wandzeitung in der Vorschule der John-F.-Kennedy-Schule, Berlin*

Die meisten **Puppen** in den Kitas sind weiß oder rosa. Nur selten verirrt sich eine schwarze oder braune dorthin, die allerdings oft »eingefärbt« wirkt, weil sie europäische Gesichtszüge hat. Was Kinder aber brauchen, sind Puppen, die ihrer eigenen Hautfarbe und Haarstruktur, ihren Gesichtszügen und Augen, ihrer ethnischen Zugehörigkeit ähneln.

Auch Puppen mit einer Behinderung sind geeignet, weil sie die Normalität einer Integrationsgruppe ebenso wie die gesellschaftliche Realität reflektieren. All diese Puppen mit besonderen Merkmalen eignen sich als Spiegelbilder und Identifikationsobjekte für Kinder mit persönli-

chen Charakteristika. Sie regen das Rollenspiel, das Erzählen und damit die Kommunikation zwischen den Kindern an. Es hat sich bewährt, spezielle Puppen, wie dieses Down-Syndrom-Püppchen Helene, nicht kommentarlos den Kindern zum Spielen zu überlassen, sondern sie in einem Gespräch wie ein neues Kind vorzustellen und in die Gruppe einzuführen.

Wenn wir uns der Wirkung von geeigneten Puppen bewusst sind, müssen wir feststellen, dass es einen großen Nachholbedarf gibt. Gute Puppen, auch anatomisch korrekte, sind inzwischen durchaus bezahlbar. Außerdem können

vielleicht begabte Erzieherinnen oder Eltern die eine oder andere individuelle Stoffpuppe herstellen, um diese Lücke allmählich zu füllen?

Die Erzieherinnen dieser Gruppe haben für alle Kinder **persönliche Handpuppen** hergestellt, die die individuellen Merkmale jedes einzelnen Kindes widerspiegeln. Die Eltern brachten alte Kleidungsstücke der Kinder mit, aus denen die Körper der Puppen genäht wurden. So sind sie zu kleinen Individuen geworden, die die Kinder leicht identifizieren können. Im Morgenkreis übernehmen die Handpuppen die Rolle, durch die Kinder für die Kinder zu sprechen: Geschichten und Ereignisse zu erzählen, Gefühle und Wünsche auszudrücken oder Konflikte der Kinder nachzuspielen. Die Handpuppen tragen die gleichen Namen wie die Kinder und haben sogar die Kuscheltiere beim Mittagsschlaf verdrängt. Eine der Erzieherinnen fragte Emma, dreieinhalb Jahre alt, die Einschlafschwierigkeiten hat: »Wie hat die kleine Emma (Puppe) denn geschlafen?« Emma: »Nicht gut. Wölfe waren da. Die kleine Emma hatte Angst und musste viel zappeln. Die Eltern müssen der kleinen Emma helfen.«

すわと

あらん

Vornamen in japanischer Schrift

Dokumentationen von Projekten, in denen die Kinder in andere Kulturen gereist sind, stellen einen unmittelbaren Bezug zu einzelnen Kindern in der Gruppe her.

Es ist hilfreich, sich nicht nur sachkundig darüber zu machen, aus welchen Ländern die Kinder und ihre Familien stammen, sondern auch aus welchen Regionen der verschiedenen Länder. Denn bekanntlich leben in der Türkei nicht nur Tür-

ken, sondern auch Kurden und andere Gruppierungen; aus dem ehemaligen Jugoslawien mit seinen divergierenden Bevölkerungsgruppen stammen Menschen ganz unterschiedlicher ethnischer und nationaler Zugehörigkeiten.

Wir Erwachsenen müssen uns bewusst machen, dass Kinder sehr genau registrieren, was eine Auswahl von Materialien, Fotos und Gegenständen aussagt. Vielleicht ist es nur eine gedankenlose Auswahl, die letztlich aber einer

Das Projekt enthält viele Facetten: die Mutter als Expertin; Kleidung; Essen und Essgeräte; Sprache und Schrift; Origami; Informationen über Land und Leute; Selbstbewusstsein und Wertschätzung.

Bewertung gleichkommt. Die Kinder empfinden das Angebot von Spielmaterial als ein deutliches Signal der Akzeptanz oder Ablehnung ihrer Persönlichkeit und Herkunft. Deswegen ist es angebracht, Entscheidungen darüber sehr sorgsam mit den Kindern gemeinsam zu treffen, denn sie merken sofort, wenn etwas fehlt und jemand nicht genügend berücksichtigt wurde.

Mädchen und Jungen

Die Unterschiedlichkeit in den Verhaltensweisen von Mädchen und Jungen ist allgegenwärtig, denn neben dem faktischen »kleinen Unterschied« erzielt die geschlechtsspezifische Sozialisation bei Kindern deutscher und nichtdeutscher Herkunft früh ihre Wirkung.

Diese Unterschiede werden auch in manchen Räumen sichtbar. So wirken Räume, die von Erzieherinnen geprägt werden, oftmals weicher und verspielter als die, in denen Erzieher arbeiten. Diese Räume sehen manchmal etwas kahler aus, dafür sind oft mehr technische Spielzeuge und Geräte vorhanden. Wir möchten die Unterschiede weder verallgemeinern noch bewerten, vor ihrer Existenz aber auch nicht die Augen verschließen.

Mädchen und Jungen brauchen für ihre Entwicklung beides, das weibliche und das männliche Element in der Begegnung und in den Räumen, damit ihre Sozialisation nicht zu früh einseitig geprägt wird. Geschlechtsspezifische Unterschiede ebenso wie Gemeinsamkeiten kennen zu lernen heißt, sich frühzeitig mit der ganzen Vielfalt vertraut zu machen. Das ist eine Hilfe für die Kinder, um zu vergleichen, sich zu identifizieren und allmählich Sicherheit und Selbstbewusstsein in ihrer eigenen Rolle zu finden. Wir möchten dazu anregen, Räume auf ihre Ausgewogenheit zwischen weiblichen und männlichen Raumelementen und Spielzeugen zu überprüfen: sich an technische Spiele und Geräte heranzuwagen oder dominierende Technik durch wohnliche Bereiche zu ergänzen und beides sowohl Mädchen als auch Jungen offen

anzubieten (vgl. ROLLENSPIELBEREICHE). Der Einfluss einer solchen Raumgestaltung auf die Kinder ist ebenso groß wie der Einfluss durch eine bewusste Auswahl von Spielmaterial mit besonderer kultureller Bedeutung.

Zur Ästhetik von Räumen

Beim häufigen Betrachten und Fotografieren von Kitaräumen haben wir unsere Sinne für deren Wirkung geschärft. Wir – Pädagogen, nicht Innenarchitekten oder Architekten – nehmen wahr, dass Räume uns erfreuen oder gar entzücken, weil wir sie schön finden. Neben dem subjektiven Faktor der Empfindung haben wir nach gemeinsamen Merkmalen solcher Räume gesucht und, wie wir meinen, gefunden. Die Räume sind meistens hell, verfügen über eine wohl tuende Abstimmung aller vorhandenen Farben, vermitteln Offenheit und Transparenz und beherbergen anheimelnde Wohn- und Kuschelbereiche. Der Werkstattcharakter dieser Räume mit offenen Regalen, Spiegeln, vielfältigen Materialien und Werkzeugen, der auf den ersten Blick nur funktional erscheinen mag, tut dem Gesamteindruck keinen Abbruch, sondern vermittelt ganz im Gegenteil durch seine Anordnung und Anregung eine spezifische Ästhetik, die den Wunsch weckt, hier Kind zu sein, um zu entdecken und zu arbeiten.

Vor allem aber ist es die Präsenz der Kinder, die diesen Räumen eine frische Atmosphäre verleiht; Präsenz durch das Sichtbarmachen der Lebensfreude der Kinder, ihrer Konzentration und Bemühungen, ihrer Tätigkeiten, Lernerfahrungen und Produkte. Ausgestellt und doku-

mentiert, überziehen sie mit ihrer Ausdrucks- und Anziehungskraft den Raum wie eine zweite belebende Haut.

Wir sind sicher, dass auch Kinder dieser Raumästhetik gegenüber genau so aufnahme-fähig sind wie wir Erwachsenen, auch wenn sie es verbal nicht zum Ausdruck bringen, was uns Erwachsenen ebenfalls nicht immer gelingt. Wir wollten im Zusammenhang mit dem Thema »Raumgestaltung« die ästhetische Dimension erwähnen, um darauf aufmerksam zu machen, dass es sie glücklicherweise in Kitas gibt, dass Räume eine starke Ausstrahlung haben und einen intensiven Eindruck hinterlassen können.

Grundlagen der Raumgestaltung

Wenn immer wieder hervorgehoben wird, dass die Raumgestaltung Teil des aktuellen pädagogischen Konzeptes ist, dann ist die Voraussetzung dafür, dass es ein solches Konzept auch wirklich gibt. Mindestens sind aber verbindliche Absprachen über die Ziele notwendig, wie die Kinder aufwachsen sollen, um die Räume entsprechend einzurichten und zu gestalten. Integraler Bestandteil des pädagogischen Konzeptes sind also kollegiale Vereinbarungen über die Grundzüge der Raumgestaltung, die entweder mit den Erzieherinnen der ganzen Kita oder mit denen der Arbeitseinheit getroffen werden. Um der Kita eine Identität zu geben, ist es empfehlenswert, wenn diese Vereinbarungen für alle Gruppenräume und auch für die gemeinsam zu nutzenden Räume und Bereiche gelten. Neben den vereinbarten Leitlinien, die den Rahmen abstecken, was in dem jeweiligen Haus ge-wünscht wird, bleiben allen Erzieherinnen ge-nügend Spielräume für eine unverwechselbare Raumgestaltung. Denn nur mit vielen eigenen Ideen und mit Ideen des Teams lässt sich diese Aufgabe bewältigen, die hoffentlich auch Spaß macht.

Dabei sind folgende Aspekte zu berücksichtigen:
- Für die Gesamtatmosphäre eines Raumes ist eine überlegte Licht- und Farbgestaltung von überragender Bedeutung.
- Durch die Zusammenarbeit zwischen Gruppen und Erzieherinnen ist es möglich, Räume nicht komplett mit Möbeln zu blockieren, sondern den Kindern Freiflächen für ihre Bewegung zu überlassen.
- Wird besonderes Augenmerk auf die Präsentation von Arbeiten und Produkten der Kinder gerichtet, erhält der Raum eine andere Aussage, als wenn sich dort beliebige Bilder und Gegenstände befinden, zu denen die Kinder keine Beziehung aufnehmen können.
- Sich mit der Raumgestaltung so individuell wie möglich auf die Kinder einzustellen hilft ihnen, die Spuren ihrer Einmaligkeit in den Räumen wieder zu erkennen und sich heimisch zu fühlen.

Wenn neben vielen anderen Ideen auch diese Elemente der Raumgestaltung verwirklicht werden, können sich Kinder und Erzieherinnen mit ihren Räumen identifizieren, sich darin wohl fühlen und die Türen für Eltern und Besucher weit öffnen.

Einige gestalterische Absichten lassen sich leicht und schnell realisieren. Farben und Lichtverhältnisse zu verändern und geeignete Raumelemente anzuschaffen wird aber voraussichtlich längere Zeit in Anspruch nehmen. Entscheidend ist, eine Konzeption und eine Planung für deren Umsetzung zu entwickeln, die beharrlich verfolgt wird. Jede Veränderung führt zu neuen Erfahrungen; jede Verbesserung ist ein Erfolg für Kinder und Erzieherinnen, und jeder Erfolg spornt an, die nächsten Schritte zu wagen.

RAUM FÜR ELTERN

Auf diesem Poster stellen die Kinder die **Mitarbeiterinnen** des Hauses mit ihren Arbeitsutensilien vor, so dass die Eltern wissen, wen sie wo treffen.

Kinder sind glücklich und fühlen sich geborgen, wenn zwischen ihren Eltern und ihren Erzieherinnen gute Beziehungen bestehen. Um die für alle Beteiligten so wichtige Erziehungspartnerschaft zwischen Eltern und Erzieherinnen als Teil des pädagogischen Konzeptes zu beleben und zu pflegen, braucht es geeignete Orte. Kitas, in denen solche Begegnungsmöglichkeiten architektonisch bereits vorgesehen sind, können sich glücklich schätzen. Doch das sind die we-nigsten. Die meisten müssen durch kreative Raumorganisation Platz für Treffen mit den Eltern schaffen.

Ob und in welchem Maß Eltern in der Kita und in der Gruppe ihres Kindes willkommen sind, zeigt sich nicht nur am Entgegenkommen der Erzieherinnen, sondern auch an der Gestaltung der Räume.

Willkommen im Eingangsbereich

Schon hier sehen und spüren die Eltern, wie sich die Kita ihnen gegenüber öffnet und wie sie aufgenommen werden.

Gibt es eine eigene Informationstafel für die Eltern, die gut sichtbar angebracht ist, auf der sie Tipps, Hinweise, Einladungen und andere Informationen in den gängigen Herkunftssprachen, z.B. deutsch und türkisch, finden?

Abhängig von der Größe der Kita können hier auch Wochenübersichten der Gruppen hängen, aus denen hervorgeht, womit die Kinder sich gerade inhaltlich beschäftigen oder was für die aktuelle Woche geplant ist. In größeren, räumlich weit verzweigten Kitas dagegen ist es günstiger, Wochenpläne in den einzelnen Abteilungen oder direkt an den Gruppenräumen anzubringen.

Dokumentationen von Projekten im Eingangsbereich vermitteln Eltern ein erstes Bild von den Tätigkeiten ihrer Kinder.

İKİ DİLLİ EĞİTİM

her çocuğun kendi anadilini konuşma ve öğrenmesi
...kıdır,

...'da geçerli ilke:

bir dil

bir insandır

Türk ve Alman eğitmenlerinden oluşan çalışma
gruplarımızda her eğitmen kendi anadilini konuşmaktadır,
...nce her iki dilin önemi aynı ölçüdedir,
...çocuklar Türkçe ve Almancayı aynı zamanda
öğrenmektedirler.

ZWEISPRACHIGE ERZIEHUNG

- wir gehen davon aus, daß jedes Kind ein Recht auf seine
Muttersprache hat,
- im VAK gilt das Prinzip:

eine Person

eine Sprache

d.h., im türk./deutsch zusammengesetzten Team spricht
jede/r ErzieherIn ihre/seine Muttersprache,
- wir messen beiden Sprachen die gleiche Bedeutung zu,
- die Kinder lernen gleichzeitig Türkisch und Deutsch.

Spielecke im Büro

Laden Sitzgelegenheiten die Eltern zum Verweilen oder zum Überbrücken von Wartezeiten ein?

Auch das **Büro** ist, obwohl oft winzig, eine Visitenkarte der Kita. Bietet es Platz für Elterngespräche?

Orte für Elterntreffen und -gespräche

Haben die Eltern die Möglichkeit, sich in den **Gruppenräumen** aufzuhalten? Sind bequeme Sitzgelegenheiten für Erwachsene vorhanden, die Eltern und Erzieherinnen dazu ermuntern, z.B. ein Buch vorzulesen? Können Eltern nach der Arbeit in der Kita entspannt auf einem Stuhl oder Sofa sitzen und ihr Kind beobachten? Wenn Eltern dieses Angebot haben, müssen sie nicht an der Tür warten, bis ihr Kind sein Spiel beendet hat, um dann möglichst schnell die Kita zu verlassen.

Weil nicht alle Gruppenräume so großzügig bemessen sind, dass separate Sitzbereiche für die Eltern eingerichtet werden können, ist es hilfreich, wenn die Erzieherinnen gemeinsam mit den Eltern überlegen, welche Tätigkeitsbereiche sich für eine Doppelnutzung eignen.

In vielen Kitas haben sich **Elterntreffen** in zwangloser Atmosphäre etabliert. Eltern und Erzieherinnen sitzen am Nachmittag gern noch bei einer Tasse Tee oder Kaffe zusammen und unterhalten sich über die Tagesereignisse.

Wo und wie lassen sich solche Treffpunkte organisieren, ohne die Betreuung der noch nicht abgeholten Kinder einzuschränken? Vielleicht

können im Flur ein Tisch und einige Stühle aufgestellt oder ein Bereich im Gruppenraum zu diesem Zweck genutzt werden?

In einigen Kitas gibt es erste erfolgreiche Ansätze, einen eigenen Raum als **Elterntreffpunkt** einzurichten. Hier finden die Eltern Entspannung und Informationen. Getränke stehen bereit, Gespräche sind möglich, Pinnwände mit Notizen und Einladungen informieren die Eltern, außerdem finden sich hier Ordner mit Material, das allen zur Verfügung steht. Manchmal sind Kinder so in ihr Spiel vertieft, dass sie noch nicht abgeholt werden möchten. Dann sitzen die Eltern solange im »Elterntreff«, bis sie ihrerseits von den Kindern abgeholt werden.

Auch während der Eingewöhnungszeit ist dies der geeignete Aufenthaltsraum für die Eltern, um auszuprobieren, ob ihr Kind schon allein in der Gruppe bleiben mag. Sie sind sofort erreichbar, falls es Probleme gibt.

Elternabende: Neben den kurzen Unterhaltungen beim Bringen und Abholen der Kinder gibt es auch Gelegenheiten, bei denen nur die Erwachsenen Gespräche führen möchten. Dazu gehören Elternabende, bei denen eine Vielzahl von Eltern Platz im Gruppenraum braucht. Kann er problemlos umgewandelt werden, um einen Kreis mit Erwachsenenstühlen aufzunehmen? Gespräche zu führen ist weniger anstrengend und entspannter, wenn sich Eltern und

Erzieherinnen nicht auf Kinderstühlchen zusammenkauern müssen. Oder existiert ein Personal- oder Mehrzweckraum, der für diesen Anlass groß genug ist?

Elterngespräche: Störungsfreie Räume werden gebraucht, wenn Erzieherinnen und Eltern Einzelgespräche über die Entwicklung ihrer Kinder oder Konsensgespräche zur Beilegung von Differenzen führen wollen. Ist der Personalraum dafür geeignet oder herrscht dort ein Kommen und Gehen und klingelt dazwischen auch noch das Telefon? Um eine produktive Gesprächssituation zu schaffen, wäre es besser, wenn sich die Erzieherinnen in der Kita umsehen, um festzustellen, welcher Raum zum Zeitpunkt des Gesprächs nicht genutzt wird. Dafür bietet sich am Vormittag ein Zimmer im Hort an.

Raumgestaltung und Mitwirkung der Eltern

Dieses Thema könnte einmal jährlich der Schwerpunkt für einen Elternabend sein. Erzieherinnen und Eltern tragen ihre Beobachtungen über die Entwicklung der Kinder zusammen, überprüfen gemeinsam das Raumkonzept und erarbeiten neue Vorschläge. Wenn Eltern so in die Raumplanung einbezogen werden, sind sie meist gern bereit, sich an der Renovierung oder Umgestaltung der Räume zu beteiligen. Damit haben Kitas schon gute Erfahrungen gemacht.

Angela Ulrich und Bernhard Pötter:

Eltern-Ansicht: Gruppenräume in unserer Kita

Der erste Eindruck ist seltsam: Die Decke hängt hier so niedrig. Und die Treppen sind so flach – man kommt mit dem Kinderwagen eigentlich nicht richtig hinunter. Zuerst laufen wir ein wenig mit eingezogenem Kopf durch die Räume. Eltern mit Übergröße stoßen sich auch schon mal den Kopf an den Haken, die an der Decke hängen.

Aber den Kindern macht es nichts aus, dass sie in einem ehemaligen Parkhaus in die Kita gehen. Ein Meter Höhenunterschied macht einen ganz schönen Unterschied aus. Und außerdem, um ehrlich zu sein, werden sie nicht gefragt. Ebenso wie wir hat sich unser bald dreijähriger Sohn Josua an die auf den ersten Blick seltsamen Räume gewöhnt. Mehr als das: Er liebt sie geradezu. Vor allem die Turnhalle hat es ihm angetan. Wo sonst kann man auf so großer Fläche so ungehindert mit dem Bobbycar oder dem Dreirad rasen? Jeden Morgen kostet es Zeit und viel Überredungskunst, überhaupt die andere Hallenseite (und dahinter dann die Gruppenräume) zu erreichen. Nur noch eeeeeeiiiiiiine Runde Dreirad fahren!!!

Der Vorraum unserer Gruppe ist die Eingangsschleuse zur morgendlichen Begrüßung. Fix umgezogen und los! In den Hauptraum gesaust. Dort steuert Josua schnell die Leseecke an. Mit mindestens einem Buch kommt er dann zurück und wir setzen uns

108

Verabschiedung von der Kita am Nachmittag.

Insgesamt sind die Räume sehr persönlich gestaltet, mit bewegungsfreundlichem Eierkartonhaus, vielen Bildern und sogar den Kindern als Miniaturen – als eigene Handpuppen. Das haben sie sofort kapiert, dass sie das sind, und sind sehr stolz darauf. Wir sind uns nicht sicher, ob unser Sohn z.B. die Transparenz durch die halb hohen Glasscheiben zwischen den Gruppen registriert – auch weil sie für ihn zu hoch sind. Da, wo die Scheiben bis unten gehen, werden sie jedenfalls mit Begeisterung als Fenster wahrgenommen. Wir Eltern finden es schön, die Werke unserer Kinder zu sehen, die sie in unserer Abwesenheit malen und basteln. Sehr schön fanden wir die Idee, die Erzieherinnen und Kinder lebensgroß zu malen und die Bilder im Gang vor der Gruppe aufzuhängen.

Josua liebt die Kita, die Erzieherinnen, seine Freundinnen. Immer schon ist er gern in die Kita gegangen und hat bis auf wenige Ausnahmen auch keine großen Probleme beim Eingewöhnen und Verabschieden gemacht. Aber sowohl unsere als auch Josuas Begeisterung hat nicht in erster Linie mit den Räumen zu tun:

Es sind die Menschen in der Kita, die Erzieherinnen, Eltern und Kinder, die uns so gerne herkommen lassen. Aber dass die Räume so lebenswert sind, haben wir ja eben den Menschen zu verdanken, die in den Gruppen und im Hause arbeiten.

noch kurz auf die Schlafmatratzen, um vor dem Frühstück ein bisschen zu lesen. Auf den Matratzen bewegen sich die Kinder sehr gern: Das Toben, Herumlümmeln und sicherlich auch die Erinnerung an das Schlafen geben ihnen Sicherheit und Entspannung. Josua jedenfalls liebt auch zu Hause seine Tobematratze über alles.

Uns gefällt der verglaste Innenhof, weil er die Räume der Kita hell und luftig macht. Die Erzieherinnen stöhnen manchmal über die Hitze im Sommer. Josua findet, dass das kein Problem ist. Eine Zeit lang war er von der Küche fasziniert: Da wird gekocht und serviert, dass die Teller nur so krachen, gut zu beobachten für die Kleinen. Einblick in die Arbeitswelt – für unseren koch- und putzwütigen Spross höchst spannend. Auch die Spiegel im Gang hatten es ihm lange Zeit angetan. Inzwischen richtet er sein Interesse mehr auf den Inhalt der Regale und auf die anderen Kinder, ist unser Eindruck.

KONTINUITÄT UND WANDEL VON RAUMKONZEPTEN

Es ist nicht zu übersehen: Kinder wachsen und verändern sich schnell. Raumkonzepte können deshalb niemals statisch sein, sondern müssen die sich wandelnden Bedürfnisse und Interessen der Kinder berücksichtigen, die auf Grund ihrer Entwicklung und erweiterten Fähigkeiten entstehen. Das heißt nicht, permanent umzuräumen, denn das würde die Kinder verunsichern. Die meisten Kinder haben bekanntlich ein enormes Beharrungsvermögen und hängen sehr an lieb gewonnenen Utensilien und Gebräuchen. Wenn aber zu beobachten ist, dass sie die Räume nicht mehr so nutzen, wie es ursprünglich geplant war, sollte umgeräumt werden. Eine behutsame Veränderung, bei der auch Bewährtes erhalten bleibt, werden Kinder dann gern akzeptieren, wenn die »neuen« Räume interessanter für sie sind.

Veränderung der Arbeit und der Räume in einem Hort

Von einer relativ seltenen Erfahrung berichtet eine Erzieherin: Sie hat zuerst gemeinsam mit den Kolleginnen in ihrer ehemaligen Kita und danach mit ihrem Team in einer neu gebauten Kita pädagogische Konzepte für den Hort erarbeitet und die dazu passende Raumeinrichtung geplant. Uns interessierte, welche inhaltlichen und organisatorischen Ideen aus dem einen in den anderen Hort mitwanderten. Dazu ein Gespräch mit Konstanze Edinger:

Konstanze, was hat euch vor einigen Jahren veranlasst, in eurer ehemaligen Kita das pädagogische und räumliche Konzept zu verändern?

K. E.: Die sechzig Hortkinder befanden sich in getrennten Gruppen und Räumen. Trotz einiger Öffnungsversuche waren sie durch diese Arbeitsform sehr an ihre Gruppen gebunden, so dass sie zu wenig Entscheidungs- und Begegnungsmöglichkeiten hatten, was Kinder dieser Altersgruppe aber dringend brauchen. Deswegen entschieden wir uns für die offene Arbeit. Das war für die Kinder und uns Erzieherinnen aber mehr als nur eine andere Organisationsform, sondern führte zu einem völlig neuen Konzept, weil es für alle Beteiligten viel mehr Freizügigkeit und gleichzeitig größere Verantwortung bedeutete. Für dieses neue Arbeitskonzept wollten wir unsere Räume für spezielle Angebote und Funktionen umgestalten, die die Kinder entsprechend ihrer Interessen und der Untergruppenbildung frei wählen konnten, aber auch, um die alten Gruppenstrukturen zu überwinden. Es entstanden ein Wohnzimmer mit bequemen Sitzmöbeln, Kinderküche und Rollenspielbereich, ein Raum, der zum Ankommen und Entspannen nach der Schule sehr beliebt war; ein großzügiges Atelier; ein Spielraum mit allen verfügbaren Spielen und einem abgeteilten Baubereich; in einem Mehrzweckraum ein Sportraum mit

Sportgeräten und ein Essen- und Hausaufgabenraum, in dem die Kinder zu drei unterschiedlichen Zeiten essen und später ihre Hausaufgaben machen.

Nachdem wir alles neu geordnet und eingerichtet hatten, wurde uns erst bewusst, wie viele Spiele und Ausstattungsgegenstände wir vorher doppelt oder dreifach hatten, ein unglaublicher Verbrauch an Geld und Platz!

Wie lange hat die Neuorganisation gedauert und wie habt ihr es geschafft, dass das ungewohnte System mit denselben Kindern und Erzieherinnen überhaupt funktionierte?

K. E.: Nachdem wir die neue Raumordnung beschlossen hatten, wobei uns ein kurzes Seminar geholfen hat, war innerhalb von zwei Wochen alles umgeräumt, geordnet und gestaltet. Wir haben die Grundordnung zunächst ohne die Kinder hergestellt, weil wir meinten, dass das ihre Vorstellungskraft überfordern würde. Später notwendig werdende Veränderungen planten wir dann immer mit den Kindern zusammen.

Sie fanden nach den Sommerferien die völlig veränderten Räume vor. Auf einer ersten Kinderbesprechung erläuterten wir ihnen die Raumordnung und unsere Vorschläge, wie sie zu nutzen sei. Außerdem wurden Regeln vereinbart, damit die Kinder sich in dem offenen Hort zurechtfanden.

Auch wir Erzieherinnen brauchten neue Regeln, nämlich Zuständigkeiten für die Räume, so dass ihre Ordnung erhalten blieb. Dazu gehörte, auf Reparaturen zu achten und zu überprüfen, was eventuell gekauft werden musste. Weil wir jetzt alle Anschaffungen ge-

meinsam beschlossen, hatten wir den Eindruck, über viel mehr Geld zu verfügen, so dass wir von Zeit zu Zeit ein größeres Stück für die Räume kaufen konnten.

Wie kamen die Kinder mit den neuen Räumen und ihrer hinzugewonnenen Freiheit zurecht?

K. E.: Die Kinder haben sich erstaunlich schnell und gut daran gewöhnt. Sie konnten sich für eine bestimmte Zeit einen Raum »mieten« und dort mit ihren Freunden ihren Interessen nachgehen. Das Ausleihen von Räumen und Spielgeräten organisierten wir über die Hortausweise der Kinder, was gut klappte. Besonders toll fanden sie es, dass der Sportraum immer zugänglich war und nicht ständig etwas weggeräumt werden musste. Bei der Anzahl von sechzig Kindern klingt es fast paradox; aber tatsächlich konnten sie sich jetzt besser orientieren als vorher.

Welche Auswirkungen hatte das neue Raumkonzept auf euch Erzieherinnen?

K. E.: Wir empfanden es als große Entlastung, weil alles übersichtlicher geworden war. Auf Grund der eindeutigen Verantwortlichkeiten für die Räume hatte niemand mehr das Gefühl, sich dauernd um alles und jeden kümmern zu müssen. Dadurch konnten wir uns intensiver auf unsere Arbeitsschwerpunkte konzentrieren, was den Kindern zugute kam. Das pädagogische Konzept der offenen Hortarbeit steht und fällt mit einem dafür geeigneten Raumkonzept, allerdings auch mit einem gut eingespielten Team. Wir waren froh über unsere geleistete Arbeit, weil

111

wir sie als erfolgreich betrachteten. Ich sehe das noch heute so.

Du als stellvertretende Leiterin bist mit einer anderen Kollegin aus dem ehemaligen Team in eine neu gebaute Kita gewechselt. Welche Entwürfe und Erfahrungen konntet ihr aus der früheren Kita in den neuen Hort mitnehmen?

K. E.: Schon in der Planungsgruppe für die neu zu eröffnende Kita beschlossen wir, im ganzen Haus mit offener Arbeit zu starten. Für die veränderten Rahmenbedingungen mit vierzig Hortkindern und einer anderen Raumanordnung mussten wir natürlich ein anderes Nutzungskonzept entwickeln, das aber auf den Erfahrungen mit der Arbeit und den Räumen in der vorigen Kita basierte. Wir richteten die Räume so ähnlich wie in der ehemaligen Kita ein. Trotz unserer guten Raumverhältnisse waren wir bemüht, alle Nebenräume und Nischen einzubeziehen, damit die Kinder sich allein oder in Untergruppen zurückziehen können.

Ein neues Haus einzurichten, neue Kinder einzuführen und das neue Team für diese Ideen zu gewinnen, das bedeutete viel Aufbauarbeit. Aber zu wissen, es existiert ein bewährtes Konzept im Hintergrund, das wir nur abwandeln müssen, gab uns Halt.

Wie haben sich die Kinder eingelebt?

K. E.: Es war von Anfang an völlig problemlos. Damit alle Kinder immer Bescheid wissen, gibt es die wöchentlichen Kinderbesprechungen und im Flur eine Informationstafel mit klar gegliederten Hinweisen auf Arbeits-

gemeinschaften und andere Angebote, Feste und die Highlights des Monats. Außerdem ist an der Infotafel zu sehen, welche Erzieherin täglich welche Aufgaben übernimmt, so dass die Kinder wissen, an wen sie sich wenden können.

In Abständen überprüfen wir die Stimmigkeit der Räume und passen ihre Angebote den sich altersspezifisch wandelnden Interessen der Kinder an.

Und wie geht es euch Erzieherinnen in der inzwischen bewohnten Kita?

K. E.: Die Kolleginnen, die diese Arbeit und Organisationsform anfangs noch nicht kannten, sind davon sehr angetan. Ich kann es mir auch gar nicht mehr anders vorstellen, weil ich finde, dass es für Kinder dieser Altersgruppe und für uns Erzieherinnen die beste Arbeitsform ist. Die Kinder haben viel mehr Wahlmöglichkeiten als in engen Gruppenverbänden, sie verteilen sich und stören sich kaum gegenseitig. Und wenn es den Kindern gut geht, sind auch wir Erzieherinnen zufrieden.

Die »Nische«

Anlässe für Raumveränderungen können ähnlich sein wie in diesem Beispiel, es sind aber auch viele andere möglich:

- Eine neue, meistens jüngere Gruppe zieht in die Räume ein.
- Eine Gruppe, deren Kinder älter geworden sind, zieht in neue Räume um.
- Die Gruppe bleibt zwar in den selben Räumen, aber die Kinder sind gewachsen und ihre Bedürfnisse haben sich verändert.
- In der Gruppe selbst hat sich nichts Gravierendes geändert, aber die Erzieherinnen sind mit dem derzeitigen Zustand der Räume unzufrieden, weil sie z.B. unpraktisch eingerichtet sind, weil kleinere und größere Kinder sich gegenseitig behindern, weil es keine ruhigen Bereiche gibt, weil Spielmaterialien herumliegen und keinen geeigneten Platz haben, weil der Raum ungemütlich ist. Es kann noch viel mehr Gründe geben, die Erzieherinnen auf Raumprobleme aufmerksam werden lassen, so dass sie sich Veränderungen wünschen.

Was geht der praktischen Umgestaltung voraus?

Planung der Raumeinrichtung und -gestaltung

Erzieherinnen können Kleinigkeiten in ihren Räumen schnell mal allein verändern. Wenn wir hier aber die ständige Kooperation zwischen den Erzieherinnen voraussetzen, wird sofort klar, dass grundlegende Veränderungen nur gemeinsam geplant, beschlossen und umgesetzt werden können. Voraussetzung dafür ist, dass alle Erzieherinnen einer Arbeitseinheit, besser noch einer Abteilung, die Meinung teilen, dass Raumveränderungen notwendig sind. Sollte das nicht der Fall sein, ist Überzeugungskraft gefordert. Wie argumentieren Erzieherinnen am glaubwürdigsten mit den Kolleginnen und Kollegen des Teams, um sie für Veränderungen zu gewinnen, die für die pädagogische Arbeit wichtig sind? »Es wäre schöner oder ästhetischer, wenn...« ist vermutlich nicht der geeignete Ansatz, denn darüber lässt sich bestens streiten.

Die Frage »Was brauchen die Kinder und wie stellen wir uns darauf ein?« dürfte eher zum Ziel führen, weil kaum eine verantwortungsbewusste Erzieherin sich dieser Frage entziehen kann.

Am schlüssigsten lassen sich Raumveränderungen als integraler Bestandteil der für die ganze Kita zu entwickelnden pädagogischen Konzeption erarbeiten. Ist bereits ein verbindliches Konzept vorhanden, bietet es die geeignete Grundlage, um anhand der pädagogischen Zielsetzungen die gewünschten Raumverhältnisse zu überprüfen.

Beides verursacht Arbeit und braucht einen festen organisatorischen Rahmen, damit das Ziel in einem überschaubaren Zeitraum erreicht werden kann.

Um zusammen auf den Weg zu kommen, sind regelmäßige Dienst- oder Abteilungsbesprechungen notwendig. Es kann hilfreich sein, für einen begrenzten Zeitraum Beratung von außen hinzuzuziehen.

Als Einstieg in das Thema ist aber auch ein Hausseminar geeignet, das alle Beteiligten auf den gleichen Informationsstand bringt.

Fortbildungen zum Thema können als Initialzündung sehr nützlich sein, wenn mehrere Erzieherinnen aus einem Haus teilnehmen. Soll nur eine Person allein die Inhalte vermitteln und noch dazu überzeugen, ist die Belastung meist zu groß.

Arbeitsgemeinschaften, die durch Informationen und Diskussionen einen Eindruck von den Erfahrungen anderer Kitas vermitteln, können ebenfalls eine Fundgrube für Ideen sein. Noch lebendiger ist der Besuch einer anderen Kita, von der bekannt ist, dass alle oder einige Räume oder auch nur der eine oder andere Bereich Anlass für eine anregende Diskussion im eigenen Team sein könnten. Ebenso sind Vorschläge von Eltern interessante Hinweise auf räumliche Mängel oder Vorzüge.

Je anschaulicher und nachvollziehbarer die Planung für die Neu- oder Umgestaltung der Räume ist, umso konkreter und zufrieden stellender sind die Ergebnisse. Was sind vorstellbare methodische Schritte, um diesen Weg gemeinsam zu gehen?

Egal, ob mit einem Seminar oder mit hausinternen Besprechungen begonnen wird, nichts kann die Besichtigung und Überprüfung an Ort und Stelle ersetzen. Was verändert werden soll, kann in einer Liste aufgeschrieben werden, die dann immer griffbereit ist.

Noch unmittelbarer auf den Raum bezogen wird es, wenn überall dort, wo es Wünsche nach Umgestaltungen oder Fragen gibt, Zettel direkt an die Wände, Bereiche, Spielgeräte und Möbel geklebt werden. Erst, wenn die Veränderungen abgeschlossen sind, werden die Zettel entfernt. Die noch vorhandenen Zettel sind unübersehbare Erinnerungen daran, dass noch nicht alles fertig ist.

Bevor Möbel unnötig umgeräumt werden, kann es nützlich sein, einen Grundriss der Räu-

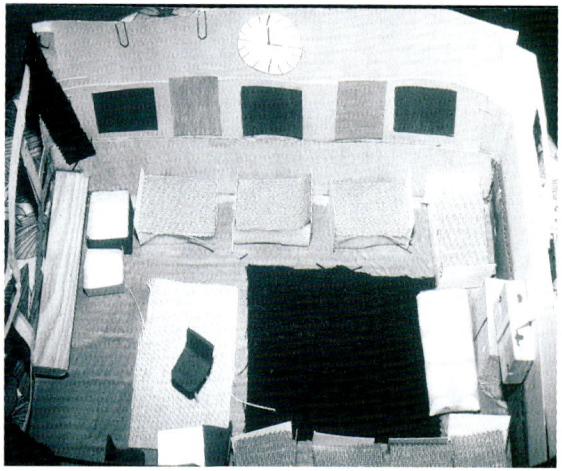

me auf große Wandzeitungen zu zeichnen, auf jede nur jeweils einen Raum. Weil die danach notwendigen zeichnerischen Veränderungen umständlich und unübersichtlich sind, haben sich auch hier Haftzettel bewährt, auf denen die Tätigkeitsbereiche, Möbel und Geräte stichwortartig notiert wurden. Die Zettel lassen sich so oft wie nötig umkleben, bis ein befriedigendes Ergebnis erzielt ist.

Manchmal ist es wichtig, die dritte Dimension einzubeziehen, um Höhen- und Sichtverhältnisse z.B. bei Podesten, größeren Geräten und Betten, besser beurteilen zu können. Dafür ist ein in einem Pappkarton selbst gebautes Modell des Raumes geeignet. Im Modell lässt sich das Mobiliar so lange hin- und herrücken, bis alle zufrieden sind. Die Arbeit, die für so ein Modell zu investieren ist, lohnt sich auch deswegen, weil Kinder, für die Grundrisse noch zu abstrakt sind, mit Modellen besser zurechtkommen, Spaß daran haben und aktiv beteiligt werden können. Außerdem wird dadurch die räumliche Vorstellungskraft von Kindern gefördert. Einfach mal ausprobieren! Es ist für

Kinder und Erzieherinnen bestimmt eine spannende Erfahrung.

Wie können wir uns in Kinder hineinversetzen, die nur halb so groß wie Erwachsene sind, um zu verstehen, welche Wirkung Räume auf sie haben? Ein bei einem Seminar erprobtes Mittel ist, sich mit einer Videokamera auf niedriger Ebene durch die Räume zu bewegen, was für Erwachsene bedeutet, auf Knien oder in der Hocke Treppen und Podeste hinauf und herunter zu rutschen. Anstrengend, aber vom Ergebnis her überwältigend! So hatten wir uns vor dem Ansehen des Videos die Wirkung nicht vorgestellt: Entfernungen wurden überdimensional, Umfassungen von Spielmulden wurden zu Wänden, Podeste erschienen plötzlich unerreichbar.

Den Erzieherinnen der Abteilung, die sich Raumveränderungen vorgenommen haben, bleibt dann die Aufgabe, Informationen, Ideen und Meinungen zu sichten, abzuwägen und zu einer Entscheidung zu kommen. Bei diesem Prozess kann die Leitung des Hauses, wenn die Erzieherinnen es für hilfreich halten, eine beratende und unterstützende Funktion übernehmen.

Danach sind die eigentlich simplen, in beengten Kitas allerdings außerordentlich folgenreichen Fragen nach den vorhandenen Raumverhältnissen zu klären: »Wie viel Platz steht uns für unsere Wünsche zur Verfügung?« oder »Lässt sich durch veränderte Raumnutzung, durch den Austausch oder die Reduzierung von Tätigkeitsbereichen Platz schaffen?«

Beteiligung der Kinder

Kinder entwickeln Beziehungen zu Räumen und Ausstattung, wenn sie an der Planung und Gestaltung beteiligt werden. Natürlich ist es vom Alter der Kinder abhängig, wie weit sie aktiv an Raumveränderungen teilnehmen können. Hortkinder haben schon manch gute Idee beigesteuert. Die Kinder können z.B. im Morgenkreis oder in der Kinderkonferenz dazu befragt werden, was ihnen gefällt, was ihnen nicht gefällt, was sie ändern möchten, was sie sich wünschen, wovon sie sich trennen möchten.
Wenn es Kindern schwer fällt, Spielmaterial oder -geräte einfach wegzugeben, bietet sich ein Tausch mit anderen Gruppen an. Sie erfahren dann, dass die von ihnen immer noch geschätzten, aber nicht mehr aktuellen Spiele einen Wert haben und sie etwas Gleichwertiges dafür bekommen. Dann fällt die Trennung leichter.
Kinder bei der Raumplanung einzubeziehen ist eine unverzichtbare Ergänzung, aber kein Ersatz für Beobachtungen durch die Erzieherinnen. Denn Kinder sind meist ein bisschen konservativ und werden oft nur das benennen, was sie kennen. Erzieherinnen dagegen wissen auf Grund ihrer Kenntnis der Kinder und ihrer Beobachtungen, wo etwas Anregendes fehlt, und was geeignet ist, die Neugier der Kinder zu wecken und zu fördern.

115

Erfahrungen mit der Raumplanung von
Ilona Heier, Hülya Kayalar und Heike Raap:

Kinder melden sich zu Wort!

Wegen der veränderten Bedürfnisse der Kinder – wir sind schon drei Jahre in den Gruppenräumen – und einer gerade beendeten Renovierung wollten wir unsere Räume umgestalten. Dazu wandten wir die Analyse- und Handlungsschritte des SITUATIONSANSATZES an: »Situationen analysieren – Ziele bestimmen – Schlüsselsituationen gestalten – Erfahrungen auswerten« und beteiligten die Kinder.

Wir Erzieherinnen hatten beobachtet:
Die Puppenecke war zu unattraktiv und wurde nur noch von drei Kindern genutzt. Die Kinder fanden sie zu klein. Es kam häufig zu Drängeleien, woraus manchmal Konflikte entstanden.

Außerdem waren die Tätigkeitsbereiche nicht sinnvoll aufeinander bezogen. Der Kaufladen war von der Puppenecke zu weit entfernt und die Rollenspielecke befand sich im Nachbarraum. Das hatte zur Folge, dass Spielsachen und Materialien in beiden Zimmern verstreut wurden.

Im Raum ist eine Galerie als zweite Ebene eingebaut, auf der die Kinder gern spielen, weil sie unbeobachtet sind, auf der sie aber auch springen und rennen. Dadurch war die darunter liegende Leseecke zu unruhig.

Die Bauecke war immer gut besucht, woraus wir den Schluss zogen, dass sie so bleiben konnte.

Wir verlegten erst einmal provisorisch die Verkleide- und die Puppenecke in den Raum mit der zweiten Ebene. Die Kinder haben so mehr Platz und andere Möglichkeiten zum Rollenspiel. Die Leseecke kam in den anderen Raum. Dann haben wir die Kinder interviewt. Bei der Befragung in kleinen Gruppen waren alle Kinder einstimmig der Meinung, dass die neue Puppenecke schöner ist als die frühere. Das lag vor allem an zwei Dingen: am neuen Teppich, der sehr an Kinderzimmerteppiche zu Hause erinnert, und am schon vorhandenen Aquarium, das jetzt in der Puppenecke steht. Das fanden die Kinder gut, denn »es sieht wie im Wohnzimmer aus«.

Die fünfjährigen Mädchen antworteten auf die Frage, was ihnen nicht gefiel: »Der Kaufladen, wir haben keine Lust, ihn weiter in der Puppenecke zu haben.« Ein Kind hatte dann die Idee, ihn in die Bauecke zu stellen. Dort sollten Autos oder Bausteine verkauft werden, oder er könnte auch als Hütte umgebaut werden. Alle anderen Mädchen dieser Altersgruppe stimmten dem Vorschlag zu. Außerdem wollten sie die vielen Plüschtiere, die sie kaum noch zum Spielen benutzten, nicht mehr. Sie hatten gemerkt: »Wir werfen die Tiere nur herum und müssen sie aber immer aufräumen.« Das empfanden sie als sinnlos. Auch die Kleidungsstücke zum Verkleiden waren allmählich zu langweilig für sie.

Ein Kind rief: »Nur nicht die Theaterpuppen (Handpuppen) wegschmeißen!« Alle meinten, davon könnten sie noch mehr gebrauchen. Alle waren auch der Meinung, dass »echte Gläser in eine richtige Küche gehören«, denn »echtes Geschirr« hatten sie schon.

Die vierjährigen Kinder dagegen, die zur Puppenecke befragt wurden, wollten den Kaufladen behalten. Sie hätten ihn gern neu ausgestattet und wollten gleich Geld und Obst selber herstellen. Auch auf die Kleidungsstücke konnten sie nicht verzichten.

Es war nicht möglich, mit den Kindern über die Bauecke ins Gespräch zu kommen. Sie fanden alles passend, was dort ist, und wollten nichts verändern. Wir konzentrierten unsere Überlegungen deshalb auf den Rollenspielbereich. Bei den Befragungen hatten sich schließlich unterschiedliche Vorstellungen der älteren und jüngeren Kinder gezeigt. Im Morgenkreis sprachen wir mit allen Kindern darüber.

»Das Aquarium muss unbedingt bleiben«, das wollten auch die Kinder, die sich bisher nicht geäußert hatten. »Eine (Spiel)Waschmaschine und ein Bügelbrett, wie sie in der Nachbargruppe stehen« wollten einige gern haben. Das Bügelbrett gaben uns die Kolleginnen, weil in ihre Räume demnächst jüngere Kinder einziehen.

»Ein Bett, wir brauchen ein Bett, in dem wir auch schlafen können«, wünschte sich ein Mädchen. »Wollt ihr denn wirklich schlafen?« fragten wir. Die Antwort war: »Ja, nach der Arbeit müssen wir das tun!« Also holten wir das richtige Bett, ein unbenutztes Babybett, aus dem Keller.

Wie konnte aber der Konflikt um den Kaufladen gelöst werden? Die Kinder überlegten und entschieden wie zuvor schon die jüngeren Kinder, er müsse neu ausgestattet werden, dann würden sie ihn gern behalten. Wir sagten ihnen, dass wir in diesem Jahr kein Geld mehr hätten, um neue Utensilien dafür zu kaufen. Das wollten sie auch nicht. Sie waren nämlich der Meinung, dass sie für alles selber sorgen könnten. Geld sollte gebastelt werden, »richtiges« natürlich, und Obst aus Pappmaché.

Das ist unsere neue Küche.

Solches Obst hatten wir schon einmal. Es war in kürzester Zeit kaputt, weil die Kinder immer hineinbissen. Daran erinnerten wir sie. Darüber waren sie sehr empört, denn sie seien ja schließlich inzwischen größer geworden.

Nach dem Morgenkreis öffneten wir Erzieherinnen unsere Geldbörsen, die Kinder rubbelten Münzen ab und hatten bald jede Menge Geld, um im Kaufladen einkaufen zu können. Währenddessen sortierten sieben Kinder zusammen mit einer Kollegin die Sachen zum Verkleiden und Plüschtiere aus. Uns fiel auf, dass sie sich von erstaunlich vielen Gegenständen trennen konnten, auch Puppen gaben sie weg. Nur die kleinen Puppen, die wir im ersten Gruppenjahr angeschafft hatten, wollten sie behalten. Die hatten sie schon so lange begleitet und mussten wieder in die neue Rollenspielecke einziehen.

117

118

Einführung der Kinder

Es hat sich bewährt, die Kinder nicht einfach in die neuen Bereiche laufen zu lassen, sondern sie im Morgenkreis einzuführen und mit ihnen passende Bezeichnungen zu erfinden und zu vereinbaren. Denn der Name ist Programm! Eine Erzieherin berichtet: »Wir nannten den Bereich, in dem vielfältiges Material in Regalen bereit liegt, immer Malecke.

Die Kinder haben dort tatsächlich fast nur gemalt. Jetzt gewöhnen wir uns daran, dass der Bereich Atelier heißen soll, um die Kinder darauf aufmerksam zu machen, dass hier außer Malen noch sehr viel mehr Kreatives möglich ist.«

Wenn die Bezeichnungen für die neuen Bereiche vereinbart sind, können die Kinder sie erst einmal ohne organisierte Tätigkeiten kennen lernen und ausprobieren, so dass sie erfahren und wissen, welche Aktivitäten vorrangig in welchen Raumbereichen stattfinden. Darüber hinaus ist es zweckmäßig, mit den Kindern von Anfang an Regeln für die Nutzung der Räume und Tätigkeitsbereiche zu vereinbaren:

Welche Bereiche können zu welchen Zeiten genutzt werden? Während der Essens- und Schlafenszeiten kann es Einschränkungen geben, die für die Kinder aber verständlich sind.

Was darf liegen bleiben, damit die Kinder ihre Tätigkeiten fortsetzen können?

Was und wann muss zwischendurch auf- oder weggeräumt werden? Weil z.B. in Bereichen mit Tieren und Naturmaterial unentwegt Kinder spielen, würde es ihren Spielverlauf empfindlich stören, wenn sie täglich alles aufräumen müssten. Deswegen reicht es, die Tiere nur freitags in den Stall zu bringen.

Mit geringem Aufwand können Erzieherinnen durch regelmäßige kleinere Aufräumarbeiten unter spielerischer Einbeziehung der Kinder die Grundordnung aufrecht erhalten. Schon in der Krippe werden die Kinder behutsam zum Aufräumen angeleitet, indem die Erzieherin ihnen zeigt, was sie meint. Das muss keine lästige Pflicht sein, denn kleine Kinder lieben Zuordnungsspiele mit unterschiedlichen Größen, Formen und Farben.

Wie viele Kinder können gleichzeitig in einem Tätigkeitsbereich spielen, ohne sich gegenseitig zu behindern? Wie wird diese Regel mit den Kindern vereinbart und dann auch eingehalten? Um den Überblick über die Kinder und ihre Tätigkeiten zu behalten, ist es in Horten und in manchen Vorschulgruppen üblich, dass es zu diesem Zweck »Ausweise« oder ein vergleichbares Steckkartensystem gibt, das die Kinder benutzen, um sich Spielgeräte auszuleihen oder sich in einem Tätigkeitsbereich aufzuhalten, für den die Kinderzahl begrenzt ist. Den Kindern fällt der Umgang mit Karten und »Ausweisen« leicht, sie nehmen sie ernst und können im Rahmen der vereinbarten Regeln Tätigkeiten und Orte frei wählen.

Weil Vereinbarungen dieser Art zwar wichtig sind, aber von Kita zu Kita unterschiedlich gehandhabt werden, sollen hier außer dem abgebildeten keine weiteren Beispiele genannt werden. Die Erfahrung zeigt, dass Kinder durchaus bereit sind, sich an Regeln zu halten und sich sogar gegenseitig daran zu erinnern, wenn Regeln kein Diktat sind, sondern mit ihnen vereinbart wurden und für das Zusammenleben eine ordnende und befriedende Funktion haben. Manche Kinder brauchen für die Einhaltung von Regeln ein bisschen Unterstützung.

Empfehlenswert ist es, nach jeder Neueinrichtung oder Veränderung von Räumen und Gestaltungselementen genau zu beobachten und auszuwerten, wie sie von den Kindern genutzt werden. Als nicht so günstig hat sich herausgestellt, die Raumbereiche zu schnell wieder zu verändern, denn die Kinder brauchen Zeit, um sie auszuprobieren und sich daran zu gewöhnen. Erst nach einem Zeitraum von einigen Wochen lässt sich definitiv feststellen, ob sie von den Kindern angenommen wurden oder ob geringfügige oder komplette Veränderungen erforderlich sind.

Wie können wir das Raumkonzept aufrecht erhalten?

Wer kennt das nicht? Ein verändertes Raumnutzungskonzept wurde z.B. bei einer Teamfortbildung vereinbart. Alle Erzieherinnen waren überzeugt, dass es sich um einen enormen Fortschritt, um den großen Wurf handelt, der die Arbeit erleichtert und dazu beiträgt, dass sich die Kinder besser zurechtfinden. Zunächst war es auch so. Aber nach einem halben Jahr ist vieles wieder zerronnen und war angeblich ungeeignet.

Was ist passiert? Die Erzieherinnen selbst haben ihre eigenen Diskussionsergebnisse nicht ernst genommen und sich nicht ausreichend darum gekümmert, die einmal gefassten Beschlüsse einzuhalten. Natürlich bereitet es viel Arbeit und verlangt ständige Aufmerksamkeit, die schönen und praktischen Tätigkeitsbereiche und -räume in ihrem neuen Zustand zu erhalten. Es ist aber eine Investition, die sich langfristig lohnt. Haben sich Kinder und Erzieherin-

nen nämlich daran gewöhnt, ist die neue Raumordnung schließlich nicht nur eine Erleichterung, sondern auch eine Bereicherung für das Zusammenleben von Kindern und Erzieherinnen.

Des Rätsels Lösung und einzige Garantie dafür, dass die einmal geschaffene Raumordnung für einen längeren Zeitraum aufrechterhalten werden kann, ist: Vereinbarungen, die auf Grund gemeinsamer Überlegungen und bindender Entscheidungen der Erzieherinnen entstanden sind, müssen unbedingt eingehalten werden – und alle sollten an einem Strang ziehen.

Gute Erfahrungen wurden in unterschiedlichen Kitas mit der längerfristigen Übernahme von Zuständigkeiten durch die Erzieherinnen gemacht: Für jeden Raum einer Arbeitseinheit, in manchen Kitas sogar für jeden Tätigkeitsbereich, ist eine Erzieherin verantwortlich. Das betrifft die Ordnung, den Überblick über vorhandene oder zu ergänzende Materialien und Geräte und die Instandhaltung von verschlissenen Spielen oder Büchern u.ä.

Es wäre eine Überforderung, das tägliche Aufräumen der für diesen Raum zuständigen Erzieherin zu überlassen. Das übernehmen vermutlich die Erzieherinnen, die sich mit Kindern in dem Raum aufgehalten haben.

Besonders Räume, die sich im »Allgemeinbesitz« befinden, z.B. das Atelier, der Sportraum, die Verteilerküche oder der Eingangsbereich, haben zuweilen ein etwas verwildertes Aussehen. Statt diesen Zustand zu beklagen, bietet sich auch für deren Erhaltung die Verantwortlichkeit einzelner Erzieherinnen an.

Um Missverständnissen vorzubeugen, möchten wir erwähnen, dass es nicht darum geht, ein perfektes oder gar zwanghaftes Regelwerk zu erfinden, das die Kinder womöglich einengt. Es ist vielmehr gemeint, dass Kinder ein Recht darauf haben, in geordneten, interessanten und übersichtlichen Räumen aufzuwachsen, die ihre Entwicklung fördern. An der Aufrechterhaltung der Ordnung sollen sich die Kinder beteiligen, auch deshalb, weil mit dem Auf- und Zurückräumen von benutzten Spielen und Geräten eine soziale Komponente verbunden ist: Nur wenn sich alles am gewohnten Ort befindet, können die nächsten Kinder das finden, was sie brauchen.

Zeitliche Planung

Die Überprüfung des Raumkonzeptes lässt sich gut mit der rechtzeitig vor der Sommerpause stattfindenden Jahresplanung verbinden. Dann ist bekannt, welche Kinder bleiben und welche neu hinzukommen, also auch, welche Jahrgangszahlen vorhanden sind. Außerdem stehen dann meist die Betreuungszeiten der Kinder und die Erzieherstellen mit ihren unterschiedlichen Stundenanteilen fest. Für die Beurteilung von räumlichen Veränderungen sollten folgende Fragen berücksichtigt werden:

- Bleiben Gruppen und Erzieherinnen zur Aufrechterhaltung ihrer Beziehungen zusammen?
- Sind Wechsel und neue Zusammensetzungen unumgänglich?
- Können die Räume so zugeordnet bleiben und genutzt werden wie bisher?
- Müssen Räume wegen neuer Kinder getauscht oder von Grund auf verändert werden?

Oft zieht der Raumwechsel von ein oder zwei Gruppen den Umzug anderer Gruppen nach sich. Schon allein daraus ergibt sich, dass nur gemeinsame Planung – abteilungsintern oder als gesamtes Kollegium – zum Erfolg führen kann .

Auch für Kitas, die eine langjährig unveränderte Raumnutzung bevorzugen, hat es sich schon oft gelohnt, in größeren Abständen einen kritischen Blick auf das Raumkonzept zu werfen. Die gründlich überprüfte Frage »Was brauchen die Kinder?« kann auch hier zur Folge haben, dass eine oder zwei Gruppen umziehen müssen. Auch wenn es für manche Erzieherinnen ungewohnt ist: Raumwechsel werden hin und wieder notwendig und sind ein normaler Vorgang. Erzieherinnen in Kitas, in denen häufiger umgezogen wird, um den sich wandelnden Bedürfnissen der Kinder zu folgen, haben die Idee einer »Besitzstandswahrung« über viele Jahre längst aufgegeben, weil sie zu unflexibel ist. Sie sehen Raumwechsel sogar als einen geeigneten Anlass, um über die Kinder und die Raumnutzung und -gestaltung neu nachzudenken. Die gemeinsame Sicht auf die Nutzung aller Räume trägt ganz wesentlich dazu bei, dass sich niemand benachteiligt fühlt bzw. dass Benachteiligungen, die sich auf Grund der Räume beim besten Willen nicht vermeiden lassen, spätestens nach ein oder zwei Jahren wieder ausgeglichen werden.

Das leidige Geld

Eine sorgfältige Planung ist umso wichtiger, je enger die Finanzlage ist. Die Verteilung des Geldes für Anschaffungen, das einmal pro Jahr (hoffentlich!) zur Verfügung steht, lässt sich für das Haus gut mit der Raumplanung verbinden:

- Was wird vorrangig gebraucht?
- Soll das Geld gleichmäßig an alle Gruppen verteilt werden?
- Gibt es Entscheidungen für veränderte Arbeitsschwerpunkte, z.B. für die Einrichtung einer Integrationsgruppe?
- Ist es daher sinnvoll, Prioritäten zu setzen, indem eine Arbeitseinheit mehr Geld für größere Anschaffungen bekommt, die anderen entsprechend weniger?

Dieses Verfahren ist dann gut verträglich, wenn sich über einen Zeitraum von mehreren Jahren die Akzente verschieben und damit alle Arbeitseinheiten hin und wieder in den Vorteil größerer Anschaffungen kommen.

Das Thema Anschaffungen lässt sich am besten mit Leitungskräften und Erzieherinnen gemeinsam diskutieren und entscheiden, so dass es bei einer so langfristigen Planung seltener zu Irritationen kommt.

Aus Alt mach Neu!

Mit einem kritischen Blick durch Räume, auch durch Nebenräume, zu gehen, das kann manchmal dabei helfen, Platz zu schaffen und im wahrsten Sinne des Wortes Raum zu gewinnen.

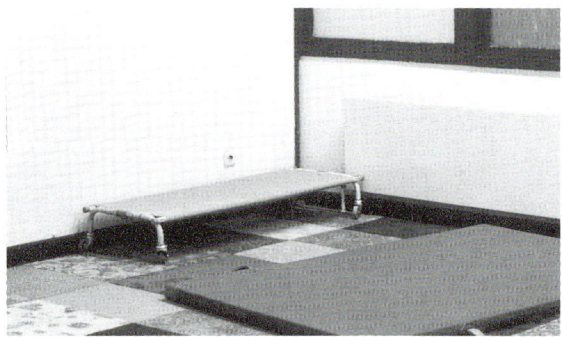

Vorher:
Ein chaotisch genutzter Abstellraum wurde in einen behaglichen und allseits akzeptierten Schlafraum verwandelt.

Nachher:
Auch wenn wir unseren Augen nicht trauen – es handelt sich garantiert um denselben Raum!

KOOPERATION VON ERZIEHERINNEN UND LEITUNG ZUR ENTWICKLUNG VON RAUMKONZEPTEN

Gute Raumkonzepte sind nicht nur ein Spiegelbild des pädagogischen Konzeptes, sondern gleichfalls eines für die Qualität der Kooperation der Mitarbeiterinnen. Nur auf der Basis vertrauensvoller Zusammenarbeit sind Experimente und Veränderungen möglich. Ohne Kooperation geht fast nichts; gemeinsam ist vieles zu schaffen.

Kooperation der Erzieherinnen

Aus dem pädagogischen Konzept, in dem die Ziele und Arbeitsweisen vereinbart werden, geht das Raumkonzept hervor. Beide bilden eine Einheit. Entwicklung, regelmäßige Überprüfung und Weiterführung von pädagogischen und räumlichen Konzepten ist ein dauerhafter Prozess, der die Aufmerksamkeit und Kooperation der Erzieherinnen und der Kita-Leitung erfordert.

Alle Verbundsysteme, seien es gruppenübergreifende oder offene Arbeit, altersgemischte oder Integrationsgruppen, aus denen sich eine gemeinsame Nutzung von mehreren Räumen ergibt, sind nur auf der Basis sorgfältiger Planung und Abstimmung aller beteiligten Erzieherinnen zu organisieren und lebendig zu gestalten. Veränderungen von Räumen und daraus möglicherweise resultierende Umzüge können nur zusammen von allen Pädagogen des Hauses dis-

kutiert und durchgeführt werden. Wünschenswert im Sinne eines erkennbaren Erscheinungsbildes der Kita sind – bei aller vorhandenen Individualität – kollegiale Vereinbarungen über Grundzüge der Raumgestaltung. Es ist Aufgabe der Erzieherinnen, die Details der Raumgestaltung in der Arbeitseinheit zu entwerfen und zu entscheiden. Damit Geplantes realisiert und Geschaffenes erhalten bleibt, sind Zuständigkeiten der Erzieherinnen eine große Hilfe.

Ergibt alles zusammen eine große Anforderung für die Beteiligten? Einerseits ja; andererseits ist es das tägliche Geschäft von Diskussionen und Vereinbarungen, das zum normalen Arbeitsprozess gehört.

Wurde gründlich über die Art der Raumnutzung und -gestaltung nachgedacht, ist es am sinnvollsten, das Ergebnis gleich in die Tat umzusetzen und umzuräumen. Mit der veränderten Raumgestaltung, z.B. klar gegliederten Tätigkeitsbereichen, machen Kinder und Erzieherinnen vom ersten Tag an neue Erfahrungen. Es ist daher schon nach wenigen Wochen festzustellen, ob die Entscheidungen richtig waren. Wenn das zutrifft, ist auch das Raumkonzept richtig. Hat sich die neue Raumordnung nicht bewährt, müssen sowohl die Räume als auch das Konzept verändert werden. Dadurch entsteht eine Wechselwirkung zwischen der praktischen Arbeit und dem Konzept.

Die Eltern bemerken die Veränderungen und fragen nach, was wiederum gute Anlässe sind, ihnen die Reformen zu erläutern.

Beratende Unterstützung durch die Kita-Leitung

Die Leiterinnen und Leiter tragen die Verantwortung für die Qualität der Kita, also auch für das pädagogische und das Raumkonzept. Sie haben den Überblick über alle Gruppen. Die Erzieherinnen dagegen konzentrieren sich mehr auf ihre Arbeitseinheit und können von dort aus einen Seitenblick auf die übrigen Gruppen des Hauses werfen. Es ist anzunehmen, dass sich die Leiterinnen der Bedeutung und Wirkung der Räume für das Aufwachsen der Kinder bewusst sind, bilden sie doch einen festen Bestandteil der pädagogischen Arbeit. Erzieherinnen können dieses Thema nur mit Engagement bearbeiten, wenn sie dafür die volle inhaltliche Zustimmung und Unterstützung der Kita-Leitung haben.

Während die Erzieherinnen die Verantwortung für die Arbeit in ihren Arbeitseinheiten übernehmen, hat die Kita-Leitung die Aufgabe, neue fachliche Impulse in die Diskussion zu bringen, die Erzieherinnenteamsbei der Entwicklung ihrer Raumkonzepte zu unterstützen und gemeinsam mit ihnen regelmäßig die Stimmigkeit der Räume zu überprüfen. Wenn alle in einem konzeptionellen Verbund zusammenarbeiten, ist es zweckmäßig, dass sich die Leiterinnen beteiligen, um nicht nur die Ergebnisse, sondern auch den Diskussionsprozess zu kennen. Sie können auch dafür sorgen, Erzieherinnen aus unterschiedlichen Arbeitseinheiten, die sich mit ähnlichen Themen, z.B. »Gestaltung des Eingangsbereiches« oder »Einrichtung der Räume für multikulturelle Gruppen«, befassen, in Arbeitsgruppen zu vernetzen, womit der Einzug neuer Ideen in allen Abteilungen befördert wird.

Damit die Erzieherinnen ein geeignetes Umfeld für die Raumordnung und -gestaltung vorfinden, ist es für sie hilfreich, wenn die Leiterinnen ganz praktisch die flankierenden Maßnahmen übernehmen. Dazu gehören Überlegungen wie diese:

- Was wird gebraucht?
- Was muss und kann beschafft werden?
- Wie können die Erzieherinnen am besten unterstützt werden, wenn ein Raumwechsel geplant wird?
- Ist dafür eine Teilrenovierung einzelner Räume notwendig? Wie lässt sie sich trotz Ebbe in der Kasse durchführen? (Vgl. FARBEN.)
- Bis wann muss alles fertig sein? Gleichzeitige Raumwechsel von mehreren Gruppen erfordern eine gut abgestimmte Logistik und eine detaillierte und verbindliche Zeitplanung.

Es ist förderlich, wenn für den fachlichen Dialog zwischen den Erzieherinnen und den Leiterinnen deren Rolle klar ist: Gemeinsame Verpflichtung auf das pädagogische Konzept; Akzeptanz der Kompetenzen der Erzieherinnen statt Besserwisserei; Nachfragen und Vorschläge statt Vorschriften; Ermutigung und Unterstützung für Erzieherinnen, die zögern, etwas Neues zu wagen. Eine solche tragfähige Kooperation bildet ein stabiles Fundament für geglückte Raumkonzepte und für Räume, mit denen Kinder, Erzieherinnen und Eltern zufrieden sind.

125

FRAGEN ZUR ÜBERPRÜFUNG VON RÄUMEN

Hier folgt eine Zusammenstellung von Fragen, die sich aus dem Text ergeben. Sie sind als Checkliste für Erzieherinnen und Leitungskräfte gedacht, die ihre Räume auf geeignete Raumnutzung und anregende Raumgestaltung überprüfen, verändern oder völlig neu organisieren wollen. Die Checkliste kann mit Erlaubnis des Verlages gern als Kopiervorlage für das Team genutzt werden.

Wie ist unsere Arbeitseinheit zusammengesetzt?

Anzahl der Kinder: ....　　Anzahl von Jungen und Mädchen: ....

Behinderte Kinder: ....　　Altersspanne der Kinder: ....

Wenn wir altersgemischt arbeiten: Wie ist der Jahrgangsaufbau?

Aus welchen Herkunftsländern stammen die Familien der Kinder?

Anwesenheitszeiten der Kinder: ....

Wie ermitteln wir, was die Kinder unserer Arbeitseinheit brauchen?

Eine genaue Grundlage für die Raumnutzung und -gestaltung in unserer Arbeitseinheit erhalten wir, wenn wir im Team alle Kinder auf

- ihren Entwicklungsstand wie z.B. Sprachverhalten, Feinmotorik, Bewegungsabläufe,

- ihre besonderen Fähigkeiten,

- ihre Bedürfnisse und speziellen Interessen

genau anschauen und die Ergebnisse aufschreiben und vergleichen. (Gruppenprofil)

Hermann/Wunschel　　　　ERFAHRUNGSRAUM KITA　　　　LUCHTERHAND 2002

Pädagogisches Konzept: Welche Ziele sind uns besonders wichtig?

▨ Sind unsere Räume geeignet, die Erreichung dieser Ziele zu unterstützen? z.B.:

– Orientierung: Finden sich alle Kinder in unseren Räumen gut zurecht?

– Selbstständigkeit: Können die Kinder ihrem Alter entsprechend jederzeit selbstständig handeln oder müssen wir ihnen oft helfen?

– Beziehungen: Können die Kinder Kleingruppen bilden und Kontakte aufnehmen, ohne dass wir Erzieherinnen immer wieder vermitteln müssen?

Im Zusammenhang mit diesen Fragen sei noch einmal an die FRAGEN AN EINEN RAUM in Kap.1 erinnert.

Wie sind unsere Räume beschaffen?

▨ Stimmt die Anzahl der Kinder im Verhältnis zur Quadratmeterzahl unserer Räume? (kann anhand der Raumpläne berechnet werden)

▨ Wie sind die Räume unserer Arbeitseinheit einander zugeordnet: nebeneinander, gegenüber, weit voneinander entfernt?

▨ Ist ein Mehrzweckraum vorhanden? Wie können wir ihn mit unserer Arbeitseinheit oder gemeinsam mit anderen nutzen?

▨ Gibt es einen Nebenraum, der mitgenutzt werden kann?

Wie beziehen wir die Kinder ein?

▨ Haben wir die Raumnutzung und die dafür notwendigen Regeln mit den Kindern vereinbart?

▨ Ist den Kindern das Ordnungssystem der Räume bekannt, so dass sie alles finden, erreichen und auch wieder zurückräumen können?

Mit welchen Gruppen und Erzieherinnen arbeiten wir eng zusammen?

- Mit wem müssen wir unsere Überlegungen zur Raumnutzung und -gestaltung planen, konzeptionell und im Detail abstimmen (z.B. geeignete Möbel, Spielgeräte, Veränderung von Wandfarben, Raumwechsel usw.)?

- Welche Regeln für die Raumordnung und -nutzung gemeinsamer Räume sind uns wichtig?

Wie nutzen wir unsere Räume?

- Kann sich die Gesamtgruppe treffen, ohne dass umgeräumt werden muss?

- Haben die Kinder ausreichenden Bewegungsraum?

- Können sich Kinder individuell zurückziehen, wenn sie sich ausruhen möchten?

- Können wir für die unterschiedlichen Altersgruppen innerhalb der Altersmischung geschützte Raumbereiche schaffen?

- Ist in dem Bereich oder Raum zum Experimentieren, Gestalten oder Werken – je nach Alter der Kinder – genügend Platz vorhanden, damit die Kinder ihre Arbeiten liegen oder stehen lassen können, bis sie fertig sind?

- Sind alle Tätigkeitsbereiche vorhanden, die die Kinder aufgrund ihrer Bedürfnisse und Interessen brauchen?

- Sind die einzelnen Tätigkeitsbereiche so angeordnet, dass sich die Kinder nicht gegenseitig stören? (z.B. ruhig – lebhaft)

- Gibt es doppelte Ausführungen von Tätigkeitsbereichen innerhalb der Arbeitseinheit?

- Halten wir die derzeitige Nutzung des Mehrzweckraumes mit Blick auf unsere pädagogischen Ziele für sinnvoll?

Wie sind unsere Räume gestaltet?

▪ Wie sind unsere Räume mit Tageslicht und künstlichem Licht beleuchtet? Ist es möglich, dass wir die Allgemeinbeleuchtung durch einzelne Lampen ergänzen, die auch ältere Kinder ein- und ausschalten können?

▪ Können die Kinder aus dem Fenster sehen? Wenn nicht: Welche Hilfsmittel (z.B. Bank, kleine Treppe, Podest) stellen wir ihnen dafür zur Verfügung?

▪ Bietet der Rollenspielbereich allen Kindern genügend Anregung?

▪ Brauchen wir sämtliche Spielmaterialien, die sich in unseren Räumen befinden? Tauschen wir sie dem Entwicklungsstand der Kinder entsprechend regelmäßig aus?

▪ Welche Art von Objekten finden wir in unseren Räumen?

▪ Ist eine Wand- oder Ausstellungsfläche für Dokumentationen vorhanden?

▪ Befinden sich Spiegel, Bilder, Objekte, Dokumentationen usw. in Augenhöhe der Kinder?

▪ Mit welchen Mitteln präsentieren wir die ethnische und kulturelle Herkunft der Familien der Kinder und beziehen sie in unseren Alltag ein?

▪ Sind außer Kinderstühlchen auch geeignete Sitzgelegenheiten für Erzieherinnen und Eltern in unseren Räumen vorhanden?

▪ Wo und wie schaffen wir Raum für Elterntreffen?
Können wir Eltern bei der Einrichtung einbeziehen?

▪ Ist unser Eingansbereich einladend und informativ gestaltet?
Sind die Informationen aktuell?

Wo finden wir Unterstützung, wenn wir unsere Räume verändern wollen?

- Innerhalb der Kita: Kolleginnen, Kitaleitung, Eltern?

- Außerhalb: Kollegen aus anderen Kitas, Fortbildungen, Beratung?

- Durch den Träger?

INFORMATIONEN

Dieses Buch verdankt seine Entstehung nicht nur der Arbeit der unmittelbar Beteiligten, sondern auch der Kooperation und Vernetzung mit vielen am Thema »Raumkonzepte« interessierten Menschen.

Deswegen danken wir

den Kolleginnen und Kollegen der Kindertagesstätten in Berlin-Kreuzberg:
- Adalbertstr. 23 b
- Baerwaldstr. 18
- Dresdener Str. 128
- Hallesche Str. 20
- Kohlfurter Str. 10
- Markgrafenstr. 80
- Methfesselstr. 14
- Müllenhoffstr. 7
- Oppelner Str. 21
- Oranienstr. 56
- Paul-Lincke-Ufer 12
- Ritterstr. 69
- Schwiebusser Str.5
- Urbanstr. 48 K
- Wilhelmstr. 14 a,

den Kolleginnen und Kollegen der Kindertagesstätten in Berlin-Friedrichshain
- Palisadenstr. 33
- Palmkernzeile 8 sowie
- der Zweisprachigen Interkulturellen Kindertagesstätte des VAK e.V., Berlin-Kreuzberg,
- der Vorschule der John-F.-Kennedy-Schule, Berlin-Zehlendorf,
- der Kreuzberger Lernwerkstatt für Kindertagesstätten und
- dem Projekt KINDERWELTEN, Friedrichshain-Kreuzberg

für ihre aktive Unterstützung und Geduld bei der Herstellung der Fotos;
- den Kindern für ihr selbstbewusstes und kooperatives Verhalten beim »Bilder machen«
- den Eltern der Kinder für ihre Zustimmung zur Veröffentlichung der Fotos;
- den Kolleginnen und Kollegen in den kommunalen Krippen und Kindergärten in Reggio Emilia/Italien für ihre Erlaubnis, dort in den vergangenen Jahren zu fotografieren;
- Jutta Erkens, Ruth Nowak, Regine Schallenberg-Diekmann und Thomas Thiel für ihre freundlich-kritischen Blicke auf das Manuskript und anregende Diskussionen;
- dem Jugendamt Friedrichshain-Kreuzberg und dem Förderverein der Kita Dresdener Str. Kinder-Park-Haus e.V. für ihre Unterstützung;

und last but not least
- der Bernard van Leer Foundation, Niederlande, die auch das Projekt KINDERWELTEN subventioniert, für ihre großzügige finanzielle Zuwendung zur Absicherung unseres Buchprojektes.

Kontakte

Puppen

Puppen jeder Hautfarbe und »Herkunft« gibt es inzwischen in fast allen Katalogen der bekannten Spielzeughersteller oder -vertreiber. Aufpassen! Es lohnt sich, zu vergleichen, weil die Individualität der Gesichter sehr unterschiedlich ausgeprägt ist. Entgegen der Gepflogenheit, in einem Fachbuch keine Werbung zu betreiben, möchten wir doch darauf aufmerksam machen, dass es möglich ist, auch in Deutschland Down-Syndrom-Puppen zu erwerben (Vgl. Foto im Abschnitt SPUREN INDIVIDUELLER UND KULTURELLER VIELFALT.) Das Grundmodell der Puppe stammt aus Schweden und wird hier hergestellt. Arme und Beine der Puppen sind aus Vinyl, der Körper aus Baumwolle, das Gesicht ist handgemalt. Die Puppen gibt es in zwei verschiedenen Modellen: Mund geschlossen oder Mund leicht geöffnet mit sichtbarer Zunge; Körperfarbe weiß, gelb, braun oder schwarz; Haarfarbe und -länge je nach Wunsch; Kleidung: Junge oder Mädchen.

Weil das Aufspüren der Herstellerinnen-Anschrift so mühselig war, möchten wir sie hier in der Annahme bekannt geben, dass dadurch auch Down-Syndrom-Kinder ein persönliches Gegenüber zum Spielen bekommen:

Spielzeugstübchen, Frau Christa Sonst
Weisendorfer Str. 1a
D 91056 Erlangen Dechsendorf
www.spielzeugstuebchen.de
Tel. 09135/ 8800
Fax 09135/ 544

Hautfarben-Stifte

KINDERWELTEN
INA gGmbH INTERNATIONALE AKADEMIE, Institut für den Situationsansatz
Projektbüro c/o Bezirksamt Friedrichshain-Kreuzberg
Gitschiner Str. 14, 10969 Berlin
Tel.: 030/ 22502318/ Fax: 030/ 22502310/
E-Mail: kinderwelten@mailberlin.net

Fotos

Gisela Hermann und
Beate Bodenstein: Foto S. 122 oben
Karin Cordts: Fotos S. 24, 25, 41
Ilona Seidel: Fotos S. 98, 99
Hildegard Volk: Foto S.118
Gerda Wunschel: Fotos S. 12, 49, 61, 92, 105, 107
Foto S. 13 aus: Georg Müller (Hg.) PHÄNO-MENA - Eine Dokumentation zur Ausstellung über Phänomene und Rätsel der Umwelt an der Seepromenade Zürichhorn, 12. Mai – 4. November 1984

Übersetzungen von Zitaten aus dem Englischen:
Gisela Hermann

Literatur

Bauer, Jutta/ Boie, Kirsten:
Juli und das Monster. Juli und die Liebe. Und andere Juli-Kinderbücher. Weinheim/Basel 1995/2000

Bezirksamt Kreuzberg von Berlin, Abt. Jugend und Sport (Hg.):
Der Spiegel – von den Kindern erobert. Theoretische und praktische Hilfen für die Benutzung von Spiegeln in der Arbeit mit Kindern. KREUZBERGER KITA-HEFTE Nr. 6, Berlin 1984/ Übersetzung von: Lo Specchio, QUADERNI REGGIANI. 1984

Bezirksamt Kreuzberg von Berlin, Abt. Jugend und Sport (Hg.):
KREUZBERGER PÄDAGOGISCHE BAUSTEINE »Interkulturelle Erziehung«, Berlin 1995

Bezirksamt Kreuzberg von Berlin, Abt. Jugend, Bildung und Kultur (Hg.):
KREUZBERGER PÄDAGOGISCHE BAUSTEINE »Hort«, Berlin 1998

Bezirksamt Kreuzberg von Berlin, Abt. Jugend, Bildung und Kultur (Hg.):
Kita-Konzepte. Betriebserlaubnis. KREUZBERGER KITA-HEFTE Nr. 19/20, Berlin 1999

Bezirksamt Kreuzberg von Berlin, Abt. Jugend, Bildung und Kultur (Hg.):
10 Jahre LERNWERKSTATT für Kindertagesstätten im Bezirksamt Kreuzberg, Berlin 1999
Bezirksamt Schöneberg von Berlin (Hg.):
Dokumentation der Ausstellung und Fachtagung Reggio, Berlin 1985

Derman-Sparks, Louise:
Anti-Bias-Curriculum. Tools for empowering young children, Washington: NAEYC 1989

Dreisbach-Olsen, Jutta u.a.:
KITA RÄUME – Nischen, Höhlen, Hängematten – Kita-Räume verändern sich. Hg.: Land Brandenburg, Ministerium für Bildung, Jugend und Sport, Berlin 1995

Dies.:
Kuschelhöhle – Zelte – Podeste – Wickelwolke – Baldachine – Spiegelwände. Hg.: Amt für Kindertagesstättenarbeit in der EKiBB, Berlin 1984

Dies.:
Räume und Sinne. Hg.: Amt für Kindertagesstättenarbeit in der EKiBB, Berlin 1990

Elschenbroich, Donata:
Weltwissen der Siebenjährigen – Wie Kinder die Welt entdecken können, München 2001

Fthenakis, Wassilios E.:
Viel Lärm um nichts? – Strategiekonzepte zur Weiterentwicklung von Ausbildungsqualität. Hier besonders: Das Bild des Kindes, das der Erzieherausbildung inhärent zu Grunde liegt. Der theoretische Bezugsrahmen für eine reformierte Erzieherausbildung. In: klein & groß, H. 2-3/2001

Fischer-Schölch, Hans:
Träumen im Iglu oder Zelt – Kinder bauen sich eine Schlafstadt. In: Welt des Kindes, H. 2/1999

Gopnik/Kuhl/Meltzoff:
Forschergeist in Windeln – Wie Ihr Kind die Welt begreift, Kreuzlingen/München 2000

Grunicke/Silbereisen:
Ein Himmel voller Sterne – Wie Kinder entspannen und ausruhen. In: Welt des Kindes, H. 2/1999

Hamburger Dokumentation:
Wenn das Auge über die Mauer springt. Hg.: Projektgruppe Reggio, Hamburg 1990

Hermann, Gisela u.a.:
Das Auge schläft, bis es der Geist mit einer Frage weckt – Krippen und Kindergärten in Reggio Emilia, Berlin 1993 (5)

Institut für den Situationsansatz ISTA an der FREIEN UNIVERSITÄT BERLIN/Bezirksamt Kreuzberg, FB. Beratung, Planung und Konzepte. (Hg.):
KINDERWELTEN – Interkulturelle und gemeinwesenorientierte Arbeit in Kindertagesstätten – Projektprogramm, Berlin 2000

Institut für den Situationsansatz ISTA an der FREIEN UNIVERSITÄT BERLIN:
Qualität im Situationsansatz, Berlin 2001

Kinderlen/Kohn:
Kooperation tut Not – Kita-Architektur und ihre Funktionalität in der Praxis. Hg.: Deutsches Jugendinstitut, Projekt Orte für Kinder, München 1994

Krieg, Elsbeth:
Hundert Welten entdecken – Die Pädagogik der Kindertagesstätten in Reggio Emilia – Neue Deutsche Schule. Verlagsgesellschaft mbH, Essen 1993

Kükelhaus, Hugo:
Fassen – Fühlen – Bilden – Organerfahrungen im Umgang mit Phänomenen, Köln 1989 (5)

Lill, G./Sauerborn, J.:
Raumgestaltung in Eltern-Initiativ-Kindertagesstätten. Hg.: DPW, Berlin 1988

Mahlke/Schwarte:
Raum für Kinder – Ein Arbeitshandbuch zur Raumgestaltung in Kindergärten, Weinheim 1991

Malaguzzi, Loris:
Zum besseren Verständnis der Ausstellung: 16 Thesen zum pädagogischen Konzept, Berlin 1984

Miedzinski, Klaus:
Die Bewegungsbaustelle - Kinder bauen ihre Bewegungs-anlässe selbst. Dortmund, 1987

Müller, Georg (Hg.):
PHÄNOMENA – Eine Dokumentation zur Ausstellung über Phänomene und Rätsel der Umwelt an der Seepromenade Zürichhorn, 12.5. - 4.11.1984
Piaget, J./Inhelder, B.:
Die Entwicklung des räumlichen Denkens beim Kinde, Stuttgart 1975

Pikler, Emmi:
Friedliche Babys – zufriedene Mütter – Pädagogische Ratschläge einer Kinderärztin, Freiburg, Basel, Wien 1989

Preissing, Christa:
Und wer bist du? – Interkulturelles Leben in der Kita. Praxisreihe Situationsansatz, Ravensburg 1998

Prengel, Annedore:
Pädagogik der Vielfalt, Opladen 1995

Reggio Children:
Ein Ausflug in die Rechte von Kindern – Die ungehörten Stimmen der Kinder. Neuwied, Berlin 1998

Reggio Children/Domus Academy Research Center:
children, spaces, relations – metaproject for an environment for young children, Reggio Emilia 1999 (2)

Schäfer, G.E.:
Bildungsprozesse im Kindesalter – Selbstbildung, Erfahrung und Lernen in der Frühen Kindheit, Weinheim 1995

Schneider, Kornelia:
Krippen-Bilder – Gruppen-Erfahrungs-Spielräume für Säuglinge und Kleinkinder, Berlin 1989

Senatsverwaltung für Jugend und Familie (Hg.):
Hundert Sprachen hat das Kind – Wie Kinder wahrnehmen, denken und gestalten lernen, Berlin 1991

Senatsverwaltung für Jugend und Familie (Hg.):
Stein auf Stein – Architektur und Raumgestaltung – Kindertagesstätten in Berlin. Teil 1: Räume für Kinder, Teil 2: Nutzung und Gestaltung von Räumen, Berlin 1994

Senatsverwaltung für Jugend und Familie (Hg.):
Kindertagesstätten als Schulen der Phantasie und Lernwerkstätten, Berlin 1995

Sime, Mary:
So sieht ein Kind die Welt – Piaget für Eltern und Erzieher, Olten/ Frei-burg 1978

Sommer, Brigitte:
Kinder mit erhobenem Kopf – Kindergärten und Krippen in Reggio Emilia. Neuwied/Berlin 1999